Oskar Batek

Ravensburger® Hobbykurse

Einfache Stabpuppen

Otto Maier Verlag
Ravensburg

CIP-Kurztitelaufnahme der Deutschen Bibliothek

Batek, Oskar:
Einfache Stabpuppen/Oskar Batek. –
Ravensburg: Maier, 1987.
(Ravensburger Hobbykurse)
ISBN 3-473-45682-9

Zeichnungen: Oskar Batek
Puppen und Fotos: Oskar und Hana Batek
Satz: E. Weishaupt, Meckenbeuren
Gesamtherstellung: Himmer, Augsburg
Printed in Germany

90 89 88 87 4 3 2 1

ISBN 3-473-45682-9

Inhalt

Große Marotten mit Köpfen aus Weichschaum, kleine Marotte, aus Hartschaum geschnitzt.

Einführung

Heute gehören solche Puppen zu den am meisten verwendeten Theaterpuppen, die man beim Spielen von unten und dabei überwiegend mit Stäben führt.
Zu der Gruppe der an Stäben geführten Puppen gehört nicht nur die traditionelle Form der Stockpuppen und Handstockpuppen; eine Figur ohne Glieder, der daher der Spieler seine eigene Hand zur Gestikulation leiht. Vielmehr werden dazu auch die Marotten, Puppen mit frei pendelnden Gliedern, und die ganz klassischen javanische Stabpuppen gezählt, deren Kopf gedreht und deren Arme geführt werden können. In den letzten dreißig bis vierzig Jahren, in denen diese an Stäben geführten Puppen sehr an Beliebtheit gewonnen haben, wurden gleichzeitig vielfältige Varianten der klassischen Formen entwickelt, so daß heute Puppen mit einer unmittelbaren Führung durch die Hand ebenso wie mit raffinierten und technisch komplizierten Führungsmechanismen Verwendung finden.
Fast jeder Puppenbauer, der sich den Stabpuppen widmet, legt großen Wert darauf, seine eigene Lösung vor allem für die Kopfführung der Puppe zu entwickeln. Oft ist es nötig, für besondere Puppen spezielle Führungsmechanismen zu konstruieren. Der Einfachheit halber werden aber alle diese Puppen zu den Stabpuppen gezählt, egal ob sie neben den Stäben noch zusätzlich mit Fäden, Gummizügen, Spiralfedern oder mittels anderer Materialien gelenkt werden.

Ihre überraschend große Verbreitung verdanken die Stabpuppen ihrer fast unbegrenzten Vielfalt. Sie eignen sich für die Bühne ebenso wie für den Fernsehbildschirm oder für ein spontanes Straßentheater. Dabei lassen sich sowohl improvisierte Soloauftritte als auch aufwendige Theaterinszenierungen verwirklichen.
Die einfachsten Stabpuppenarten eignen sich für den Anfänger oder auch schon für junge Spieler im Vorschulalter. Nicht nur das Spiel, auch der Bau solcher Puppen bereitet keine großen Schwierigkeiten. Es lassen sich die verschiedensten Materialien zum Bau verwenden, so daß überwiegend auf vorhandenes Material zurückgegriffen werden kann.

Kleine und große Spieler
Angemessen lange oder kurze Führungsstäbe der Stock- oder Stabpuppen machen es möglich, daß Spieler ungleicher Körpergröße gemeinsam spielen.

Aus der Vielzahl an Stabpuppen sind in diesem Buch vor allem solche ausgewählt worden, die auch von weniger erfahrenen Bastlern, ja sogar von Kindern im Vorschulalter angefertigt und im Spiel eingesetzt werden können. Für jene, die schon etwas mehr Erfahrung im Bau von Puppen oder ähnlichen Bastelarbeiten haben, werden zusätzlich technisch anspruchsvollere Varianten vorgestellt. Dabei sollte aber berücksichtigt werden, daß eine technisch einfache Puppe nicht gleichzeitig bedeutet, daß es sich um eine in ihren Spielmöglichkeiten und ihrer Wirkung eingeschränkte Puppe handelt. Vielmehr treten bei einer Puppe mit komplizierter Führungsvorrichtung Schwierigkeiten

Kleine und große Puppen
Selbst sehr große Puppen lassen sich mit Stäben gut führen, wenn nötig auch von mehreren Spielern. Dagegen kann selbst ein einziger Spieler eine ganze Gruppe von Statisten führen. Die Puppen werden zu diesem Zweck beweglich oder unbeweglich auf eine gemeinsame Halterung montiert.

beim Spiel auf, da ihre Wirkung und ihr Ausdruck nur dann erreicht werden, wenn sie vom Spieler vollkommen beherrscht wird. Stabpuppen zeichnen sich durch „Spielfreundlichkeit" aus. Selbst eine Puppe mit unausgewogenen Körperteilen läßt sich noch gut spielen, im Gegensatz zu anderen Puppen, wie zum Beispiel Marionetten.
Für jede der vorgestellten Puppen werden, soweit möglich, auch Baualternativen mit anderen Materialien erläutert. Damit soll erreicht werden, daß jeder sich nach seinen Vorlieben oder dem jeweils vorhandenen Material entscheidet. Auch handelt es sich größtenteils um Baupläne, die nicht nur bei der betreffenden Figur verwendet werden können, sondern auf jede beliebige Puppe anwendbar sind.
Grundlegende Anweisungen zum Bau von Puppen sind, damit sie nicht mehrfach wiederholt werden müssen, im ersten Kapitel zusammengefaßt, ergänzt um einige praktische Ratschläge und Tips. Hier findet der Leser auch eine Zusammenstellung der zu verwendenden Baumaterialien und Werkzeuge. Grundlegende Ausführungen zum Herstellen einer Bühne, zum Bau von Kulissen und Requisiten und zum Spiel mit den Stabpuppen bringt das letzte Kapitel. Denjenigen, die sich mit Puppenbau und Puppenspiel gründlicher befassen wollen, sei die im Anhang aufgeführte weiterführende Literatur empfohlen.

Praktische Ratschläge und Tips

Beim Bau von Stab- oder Stockpuppen sind Vorkenntnisse in einigen Basteltechniken und im Umgang mit einfachen Werkzeugen hilfreich. Andererseits lassen sich solche Fertigkeiten aber auch im Zuge des Bauens von Puppen erlernen. Zur Herstellung einiger der hier aufgeführten Puppen werden nur Schere und Kleber benötigt, für andere braucht man schon eine einfach ausgestattete Hobbywerkstatt.
Dieses Buch versteht sich nicht als „Kochbuch" mit fertigen Rezepten. Vielmehr soll der Leser seine Kräfte und Möglichkeiten selbst richtig einschätzen und erst einmal eine solche Puppe wählen, die seinen Fähigkeiten am besten entspricht. Die jeweils ausführlich vorgestellten Puppen dienen als Beispiele für unterschiedlich zu gestaltende Figuren, für unterschiedliche Spieltechniken und für die Verwendung von unterschiedlichen Materialien. Die Angaben zur Größe der Puppen und ihrer einzelnen Teile sind nicht verbindlich und gelten nur als Anhaltspunkte. Sie sollen demjenigen helfen, der sich nicht gleich traut, eine Puppe nach den eigenen Vorstellungen zu gestalten, und daher zunächst lieber versucht, die „Musterpuppen" getreu nachzubauen.
Denjenigen, die über eine gut ausgerüstete Hobbywerkstatt verfügen und auch schon genügend Erfahrungen im Bau von Puppen gesammelt haben, möchte ich empfehlen, sich gleich den Bauanleitungen zuzu-

wenden. Für Neulinge im Bereich des Puppenbaus habe ich hier zunächst ein paar grundlegende Ratschläge und Tips zusammengestellt.

Werkstattausrüstung

Zeichenbedarf

Wie fängt man eigentlich an, und was benötigt man? Ein paar Blatt Papier, Bleistift, Lineal, Radiergummi, möglichst auch einen Zirkel. Es lohnt sich immer, wenn man zunächst eine einfache Skizze der Puppe zeichnet, um die Größenverhältnisse und die Form der Körperteile aufeinander abzustimmen.

Schneidearbeiten

Eine gute Schere und ein scharfes Messer für Papier, Karton, Textilien, Schaumstoff.

Werkzeug

Laubsäge und kleine Handsäge für Sperrholz und Holzstäbe; Metallsäge, Schraubstock, Hammer, Schraubenzieher und Kombizange für anspruchsvollere Arbeiten mit Metall und Holz.

Kleber

Alleskleber für Papier, Textilien und ähnliche Materialien.
Kontaktkleber für weichen Schaumstoff, Kunststoff, Leder und Textilien.
Styroporkleber für Styropor und anderen Hartschaum, auch für deren Verbindung mit Holz, Textilien und anderen Materialien.
Zweikomponentenkleber für Metall und dessen Verbindung mit Holz und anderen Materialien.
Weißer Holzleim für Kaschier- und Holzarbeiten.
Schnelltrocknender Holzleim für Holz. Wird besonders dort benötigt, wo die Teile nicht unter Druck geklebt werden können.

Holzbearbeitung

Holzraspel, feines und grobes Schmirgelpapier, Handsäge („Fuchsschwanz") für die Bearbeitung von Styropor und anderem Hartschaum.

Modellieren

Kleine Spachtel für das Modellieren mit Knetmassen.

Bemalen

Feine runde und flache Pinsel, wasserlösliche Farben für das Bemalen der modellierten und kaschierten Teile. Aus Karton gefertigte Teile lassen sich auch mit Farbstiften oder Filzstiften bemalen. Andernfalls benötigt man Plakafarben, Acrylfarben, Farben für die Bauernmalerei oder andere Mattfarben.

Nähen

Einfaches Nähzeug, gegebenenfalls auch eine Nähmaschine, Stricknadeln und Häkelnadeln für Kostüme und Perücken der Puppen. Nicht selten lassen sich die Kleidungsstücke nur durch Kleben direkt am Körper der Puppe befestigen und arrangieren. Eine Nähmaschine ist nur dann nötig, wenn die Puppen sehr aufwendige Kostüme erhalten sollen. Häkel- und Stricknadeln sind für handgearbeitete Strick- oder Häkelkleidung und ähnliche Kostümteile erforderlich.

Wenn die Skizze der Puppe fertig vorliegt, sollte man erst einmal alle für die Anfertigung der Puppe und ihrer Kleidung benötigten Materialien und Werkzeuge zusammensuchen. Den Erläuterungen zum Bau der einzelnen Figuren in diesem Buch sind daher immer auch Angaben über die benötigten Materialien beigefügt. Diesen Angaben läßt sich auch entnehmen, welche Werkzeuge für die Herstellung der Puppe benötigt werden.
Jedes technische Experiment, jedes nicht ausprobierte Material und manchmal schon eine Veränderung der Größe der Puppe bewirken, daß der Puppenbauer sich eine neue Technik beim Anfertigen der Puppe überlegen muß. Daneben gibt es wieder Arbeiten, die fast bei jeder Puppe vorkommen, zum Beispiel das Schnitzen und Kaschieren einzelner Körperteile oder das Ansetzen der Führungsstäbe.

Grundtechniken

Schnitzen aus Hartschaum
Der Umriß des zu schnitzenden Körperteils wird im Profil und von vorn auf einen Hartschaumklotz gezeichnet und nicht zu knapp ausgesägt.

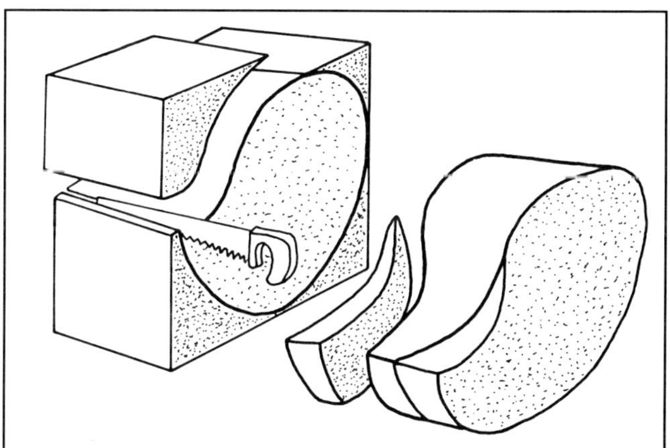

Ausarbeiten der Form

Der Umriß des geplanten Körperteils wird auf einen Hartschaumklotz gezeichnet und ausgesägt. Dann wird die Grundform mit Messer, Raspel und grobem Schmirgelpapier weiter bearbeitet und schließlich mit feinem Schmirgelpapier glattgeschliffen.
Die Oberfläche der Hartschaumstoffe, besonders des grobkörnigen Styropors, kann leicht beschädigt werden und muß daher besonders gehärtet werden. Einen zuverlässigen Schutz bietet dabei eine Papierkaschierung oder das Beziehen mit Stoff. Bei wenig strapazierten Puppen genügt es, die Oberfläche mit unverdünntem Holzleim gründlich zu bestreichen und trocknen zu lassen.

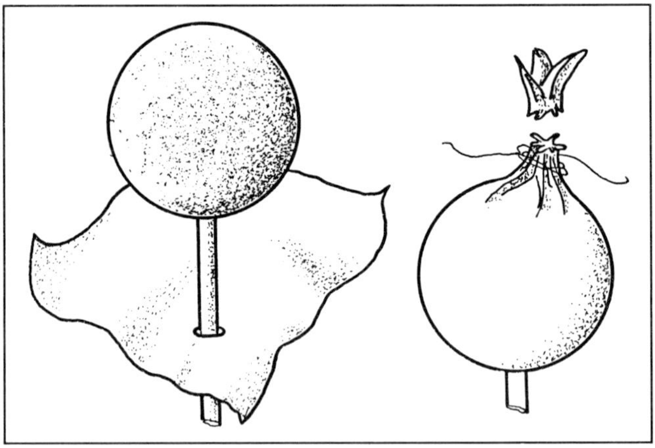

Beziehen des Kopfes mit einem elastischen Gewebe

Ein ausreichend großes Stück Trikotstoff abmessen und neben der Mitte zum Durchstechen des Stabes ein kleines Loch ausschneiden. Das Loch am Rande gleich mit Kleber bestreichen, damit die Maschen nicht weglaufen. Den Kopf mit geeignetem Kleber dünn einstreichen, den Führungsstab durch das Loch im Stoff hindurchstecken und dann den Stoff stramm zum Hinterkopf ziehen. So bleibt der Kopf am Kinn und im Gesicht glatt und ohne Falten. Die Falten am Hinterkopf zusammenkleben und sicherheitshalber noch fest zusammenbinden. Später die überflüssigen Zipfel des Stoffs abschneiden. Der Knoten am Hinterkopf läßt sich mit den Haaren oder einem Hut verdecken.

Beziehen des Kopfes mit Filz und festem Stoff
Styroporkugel leicht mit Kleber bestreichen. Stoff am Hinterkopf strammziehen, die Falten abschneiden und den Stoff in den Schlitzen zusammendrücken. Bei Stoffen mit langen Haaren jeweils zwischen den Haaren schneiden.

Kaschieren mit Papier

Kleine Papierstücke nebeneinanderkleben. Nicht mit Leim sparen, das Papier muß gründlich durchfeuchtet werden. Die Luft unter dem Papier mit den Fingern sorgfältig wegdrücken. Von Papierschicht zu Papierschicht die Papiersorte wechseln, zum Beispiel bedrucktes und unbedrucktes Papier, um den Überblick über die einzelnen Lagen zu behalten. Die getrocknete Kaschierung mit Schmirgelpapier glattschleifen und, wenn nötig, mit Spachtelmasse ausbessern und schleifen. Als Schutz für die Oberfläche von Hartschaum genügen 2 bis 3 Lagen Papier. Für Körperteile, die ausgehöhlt werden (s. Seite 15 und 38), sind etwa 10 bis 15 Schichten Zeitungspapier nötig.

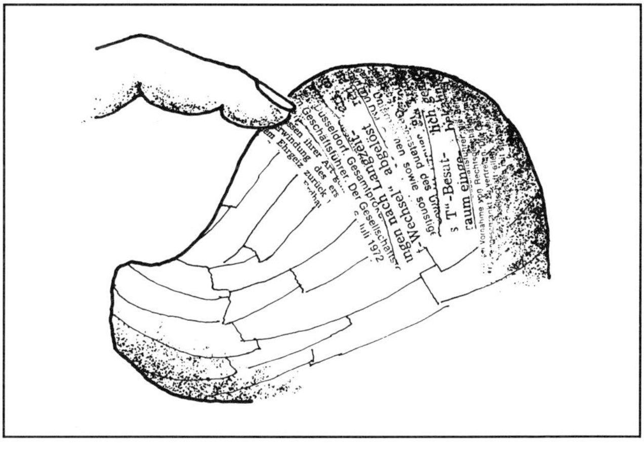

Material
In schmale Streifen geschnittenes oder gerissenes Zeitungspapier oder anderes saugendes Papier; mit verdünntem Holzleim einstreichen und aufkleben.

Verwendung weicher Schaumstoffe

Auch weiche Schaumstoffe lassen sich beim Bau von Puppen vielseitig verwenden. Nicht nur kleine Teile, sondern auch große Köpfe kann man aus dem Schaum schneiden. Die Oberfläche der fertig zugeschnittenen Teile kann dann mit grobem Schmirgelpapier geschliffen werden. Das Schleifen mit Hilfe elektrischer Geräte ist nicht einfach und wird daher nur den schon fortgeschrittenen Bastlern empfohlen.
Weiche Schaumstoffe sind in verschiedenen Farben zu haben. Sie lassen sich aber auch gut mit Stoffarben in kaltem oder lauwarmem Bad färben. Mit Acrylfarben oder ähnlichen Farben bemalter Schaumstoff wird hart und brüchig.

Verwendung von Modelliermasse

Schaumstoffe eignen sich vor allem für stark stilisierte Formen und Figuren. Für eine detaillierte und genaue Modellierung verwendet man besser Knetmassen. Die besten Erfolge hat man dabei mit leichten, holzartigen Modelliermassen. Sie härten an der Luft aus und lassen sich noch nachträglich schneiden, schleifen oder ergänzen.
Die Köpfe oder andere größere Körperteile muß man auf einen Kern aus Hartschaum modellieren, damit sie nicht so schwer werden. Beim Anfertigen der Hände und Füße setzt man in den noch weichen Modellierteig ein Stoffband oder einen Lederstreifen ein, der später die Verbindung zum Körper der Puppe herstellt.

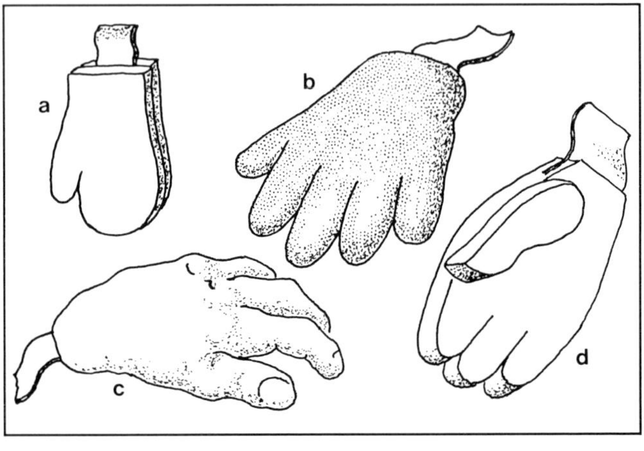

Hände
a) Zwei Schichten Filz oder dünnes Leder, zusammengeklebt.
b) Aus weichem Schaumstoff geschnitten.
c) Aus Knetmasse modelliert.
d) Aus Sperrholz ausgesägt, Daumen angeklebt.

Herstellen der Körperteile

Einige einfache Beispiele für das Herstellen von Puppenhänden enthalten die Abbildungen auf den Seiten 31, 36, 48 und 52. Der Abbildung auf Seite 14 lassen sich vier weitere Möglichkeiten für den einfachen Bau von Händen entnehmen. Puppenhände haben üblicherweise nur vier Finger.

Die Arme von Stabpuppen können ähnlich wie bei Marotten durch ein Stoff- oder Lederband ersetzt werden. Sie lassen sich aber besser führen, wenn zumindest der Unterarm aus festem Material besteht. Selbstverständlich lassen sich die Varianten auch frei kombinieren. Weitere Beispiele sind auf den Seiten 32, 36 und 48 zu finden.

Armgelenke
a) Oberarm aus Stoffband, Unterarm aus Holz.
b) Mit Watte ausgestopfter Stoffschlauch, der mit Stoffband an der Schulter befestigt ist. Am Ellenbogen ist der Schlauch durchgenäht.
c) Gummischlauch, am Ellenbogen ausgeschnitten.
d) Holzstäbe mit Schultergelenk aus Leder.

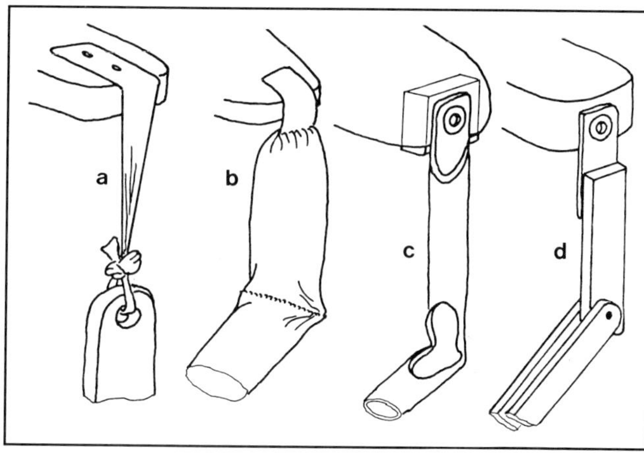

Schultern
a) Sperrholzplatte.
b) Schulter aus Hart- oder Weichschaum, mit oder ohne Sperrholz-Versteifung.
c) Schultern aus Hartschaum mit Sperrholz-Versteifung.
d) Hohle Schulter, auf eine Positiv-Form aus Hartschaum kaschiert (siehe Seite 13).

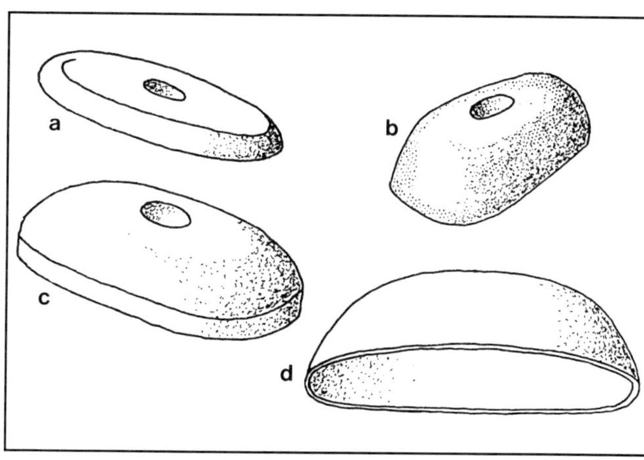

Führungsstäbe

Befestigen
a) Holzstab in Hartschaum: Stab einstechen, kleben.
b) Griff an Eisenstange: in ein Rundholz, ⌀8–14 mm, ein Loch bohren und die Stange hineinstecken.
c) Eisenstange in Hartschaum: in den Hartschaum einen Holzdübel mit vorgebohrtem Loch einsetzen, die Stange in den Dübel einsetzen.
d) in Weichschaum: Puppe einschneiden, in den Schlitz den gebogenen Draht einkleben.

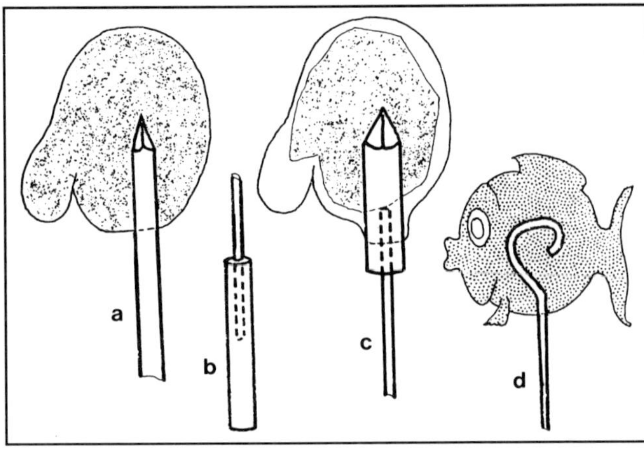

Führung der Puppen auf kurzen oder langen Stäben

Fast alle Stabpuppenarten lassen sich sowohl auf kurzen als auch auf langen Stäben führen. Die „kurze Führung" macht sie zwar beweglicher, weil das Handgelenk des Spielers das Hüftgelenk der Puppe ersetzt, aber das Spiel mit dem nach oben gestreckten Arm ist, besonders für Kinder und Anfänger, ziemlich anstrengend.
In Abhängigkeit von der Größe der Puppe wählt man als Führungsstab ein Rund- oder Vierkantholz von 6 bis 14 mm Durchmesser. Aus technischen oder ästhetischen Gründen kann man aber auch 3 bis 4 mm dicke runde Eisenstangen (Schweißdraht) verwenden, die mit einem Holzgriff ausgestattet werden.

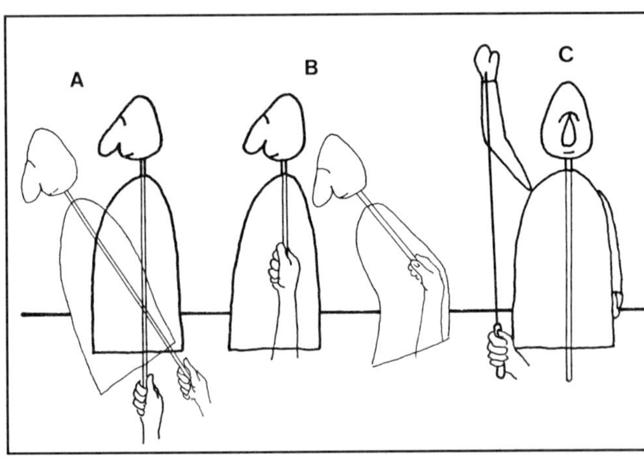

Länge der Führungsstäbe
A) steife Neigung der Puppe auf einem langen Stab;
B) „Hüftgelenk" bei kurzer Führung;
C) Bestimmen der Länge der Führungsstäbe für die Arme.

Der Rabe, mit zwei Stäben geführte Puppe aus Hartschaum.

Stockpuppen

Stockpuppen sind Puppen, die mit einem starr befestigten Stab geführt werden und eigentlich über keine beweglichen Körperteile verfügen. Ein faltenreiches Kleid, langes Haar oder andere Accessoires können dabei die Ausdrucksmöglichkeiten der Figur erhöhen, sind aber selbst für ein ausdrucksstarkes Spiel der Stockpuppen nicht immer notwendig.
Stockpuppen gehören zu den technisch wohl einfachsten Theaterpuppen. Sie lassen sich selbst von ganz unerfahrenen Bastlern leicht mit einer einfachen Ausrüstung herstellen.
Das wichtigste, woran sich jeder Spieler erst einmal gewöhnen muß, ist die Führung der Puppe in der richtigen Höhe. Weil die Führungsstöcke je nach Körpergröße der Spieler gekürzt oder verlängert werden können, wird dadurch gerade jenen Schwierigkeiten begegnet, die man besonders von Handpuppen kennt, wenn das Ensemble aus jüngeren und älteren Mitspielern besteht.
Stockpuppen folgen gehorsam jeder Bewegung des Puppenspielers. Dabei hängt das wirkungsvolle und überzeugende Auftreten der Puppe vor allem von der spielerischen Fantasie des Spielers und nur ganz wenig von seiner Handfertigkeit ab, weil er diese Puppe ja unmittelbar lenkt, also ohne besondere mechanische Hilfsmittel wie Fäden oder Drähte.
Es kann daher nicht oft genug betont werden, daß es

sich daher bei den Stockpuppen um Puppen handelt, die sich ganz besonders für Kinder im Kindergarten- und Vorschulalter eignen. Die Kinder können die Puppen auch selbst bauen oder sich an ihrer Ausgestaltung kreativ beteiligen.
Eine gute Gelegenheit dazu bieten die sogenannten Tütenpuppen, mit ihren stark stilisierten Formen. Einfach bemalt oder mit farbigem Papier und Filz beklebt, sind sie zur Darstellung kurzer Szenen besonders geeignet, lassen sich mit ihnen Kinderlieder und Kindergedichte szenisch illustrieren. Ebenso lassen sich aber mit ihrer Hilfe dramatische Märchen oder andere Geschichten auf der Bühne aufführen.

Material für einfache Stockpuppen
Kugel oder Ei aus Styropor, ø bis 12 cm; Karton 25 x 50 cm, Rundholzstab, ø 8–10 mm, ca. 50 cm lang; Filz in verschiedenen Farben, Material für Haare und andere Details, 1 Korken.

Schneiden des Papiertrichters
Der Körper der Puppe wird aus Karton ausgeschnitten. Je nach Puppe benötigt man ½ bis ⅓ des Kreisausschnitts.
Mit Hilfe von Papierstreifen, Reißnagel und Bleistift läßt sich ein Zirkel gut ersetzen.

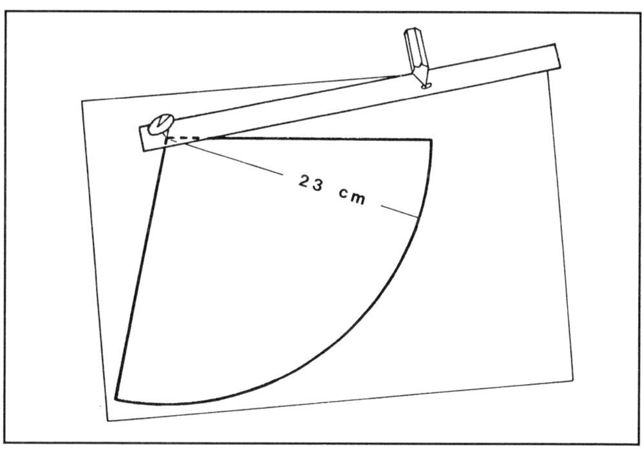

Anfertigen des Körpers
Damit sich der Karton gut in die Kegelform bringen läßt, reibt und „bügelt" man ihn über eine scharfe Kante, bis er sich von selbst in die gewünschte Form zu rollen beginnt. Dann klebt man die beiden geraden Seiten zusammen und schneidet die Kegelspitze ab.

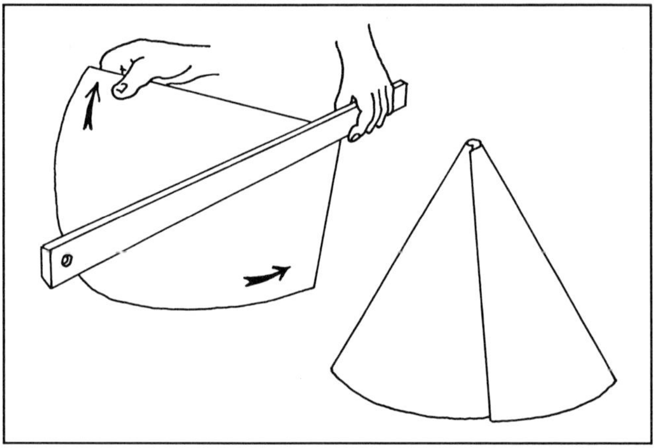

Das Mädchen

Kopf, Hals und Körper der Puppe sind mit Filz bezogen. Drei Knöpfe bilden Augen und die Nase. Die Haare bestehen aus Zierbändern (Geschenkpackungen), der Hut wurde fertig gekauft. Der Körper (Papiertrichter) wird mit Hilfe eines geschliffenen und durchbohrten Korkens am Stab befestigt.

Der Hahn

Material
Karton: 20x20 cm für den Rumpf, 20x15 cm für den Schwanz und Kopfdetails;
Rundholzstab, ø 6 mm, 40 cm lang, für den Kopf, ø 6–8 mm, 30 cm lang, für den Körper;
Filz in verschiedenen Farben; Knöpfe für die Augen.

Stockpuppen können nicht nur in menschlicher, sondern auch in tierischer Gestalt gebastelt werden. So ist zum Beispiel der Hahn nur ein wenig kleiner als das Mädchen. Sein einfacher Rumpf hat die Form eines schiefen Kegels, was der Körperhaltung dieses Tieres weitgehend entspricht.
Ebenso wie die anderen Stockpuppen könnte man auch den Hahn mit einem einzigen Stock führen. Es bietet sich hier aber eine gute Gelegenheit, die Steigerung der Bewegungsmöglichkeiten der Stockpuppen zu demonstrieren. Ein am Rumpf befestigter Stab dient der Führung der Puppe. Ein weiterer Stab läuft frei durch den Gipfel des Kegels und trägt und bewegt den Kopf.

Das Mädchen und der Hahn, Stockpuppen.

Schnitt für den Körper des Hahns

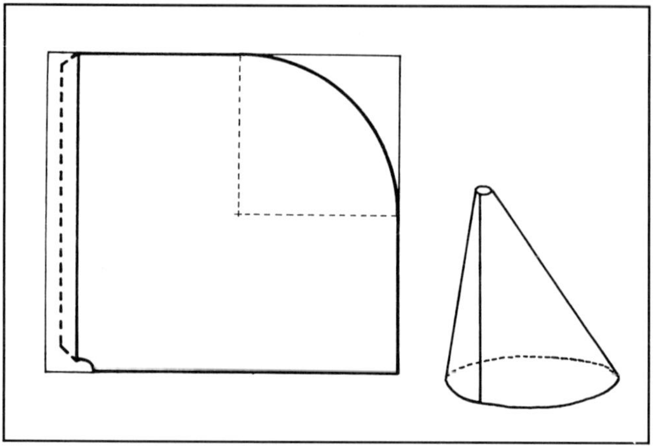

Der Schwanz wird aus Karton ausgeschnitten und am Rücken des Hahns befestigt. Der Führungsstab ist mit Kartonstreifen an der Innenwand des Körpers befestigt.

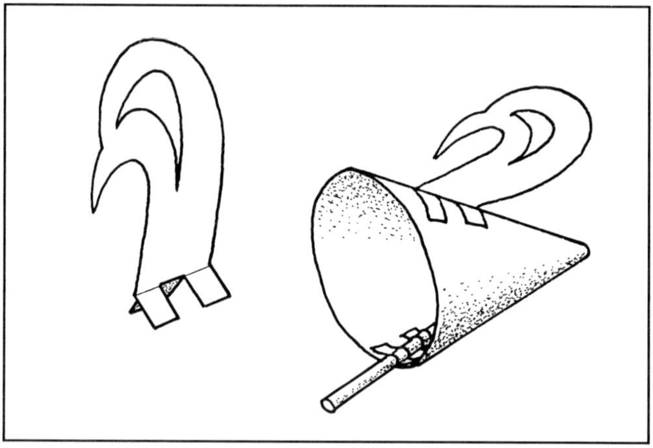

Kopf, Gefieder und Details

Kopf und Körper des Hahns sind mit eingekerbten Filzstreifen dachziegelartig überlappend beklebt. Kamm, Schnabel und Lappen sind aus Karton, in Schlitze am Kopf eingeklebt und auch mit Filz bezogen. Als Augen dienen zwei große Zierknöpfe.

Der Hahn und zwei Varianten seiner Führung
Der Spieler kann, je nach Geschicklichkeit, den Hahn mit einer oder auch mit beiden Händen führen. Eine Führung mit zwei Händen ermöglicht dem Hahn einen größeren Bewegungsspielraum.

Verschiedene Tierfiguren
Die Schnauze der Maus und der Schnabel des Storches sind schmale, aus Karton geschnittene Trichter.

Der Indianer

Material
Styroporkugel, ø 10 cm, Karton 25 x 40 cm für den Körper, Karton oder Sperrholz 10 x 10 cm für das Gesichtsprofil, Rundholzstab, ø 8–10 mm ca. 50 cm lang, Filz und Lederreste, schwarze Wolle für Haare, 2 Federn oder ein Stück weißer Karton, 1 Korken.

Die Anfertigung der Köpfe wird durch die Kugeln und Eier aus Styropor, die man im Handel kaufen kann, ganz wesentlich erleichtert. Nur für manche Charaktere ist die vorgegebene runde Form wenig geeignet. Wenn man nicht gleich auf selbstgeschnittene Hartschaumköpfe ausweichen will, muß man mit verschiedenen Gesichtsdetails die kugelige Form abändern. Wie stark man durch Details die Form einer Styroporkugel verändern kann, zeigt der Indianerkopf (siehe nächste Seite). Nase, Mundpartie und Kinn sind aus Sperrholz oder dicker Pappe ausgeschnitten und in einen Schlitz in der Styroporkugel eingesetzt worden. Der Kopf wird durch eine Leimschicht geschützt und bemalt.

Das Gesichtsprofil aus Karton oder Sperrholz ausschneiden; in der Styroporkugel einen entsprechenden Schlitz vorbereiten.

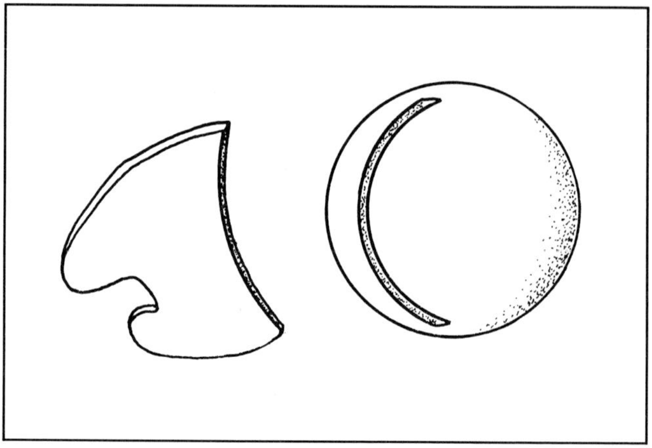

Gesichtsprofil in den Schlitz einkleben. Den ganzen Kopf gut mit Leim bestreichen oder kaschieren, dann bemalen. Abschließend Haare aus Wolle und Augen aus Leder ankleben. Man kann den Kopf aber auch mit Stoff beziehen.

Der Papiertrichter (Rumpf) ist mit weißem Filz beklebt. Das Kleid ist aus weichem Leder (auch als Kreisausschnitt) hergestellt und mit farbigem Filz geschmückt. Ähnliches gilt für das Stirnband.
Die beiden Federn für den Kopfschmuck können auch aus Karton angefertigt werden.

Indianer, Stockpuppe.

Handstockpuppen

Bei Theaterstücken, bei denen das Gestikulieren oder das Hantieren mit Requisiten besonders wichtig ist, bewähren sich die sogenannten Handstockpuppen, eine jener Puppenarten, die in Europa über eine besonders lange Tradition verfügt.
Von den einfachen Stockpuppen unterscheidet sich die Handstockpuppe eigentlich nur durch die lebendige Hand, die ihr der Puppenspieler leiht. Es können auch beide Hände sein, wenn die Figur von zwei Spielern geführt wird. Meistens sind die Stockpuppen mit einem weiten Umhang bekleidet, der die Hand mit der Figur verbindet. Es wirkt aber genauso überzeugend, wenn sich die Hand frei in unmittelbarer Nähe der Puppe bewegt.
Der ausdrucksvolle Kontrast zwischen der lebendigen menschlichen Hand und dem starren Gesicht der Puppe wirkt um so stärker, je stilisierter die Puppe gestaltet ist. Ein gutes Beispiel sind solche Figuren, die aus alltäglichen, uns wohl bekannten Gegenständen hergestellt werden. Im Prinzip haben alle Gegenstände, die uns umgeben, ihren Charakter, ihre sympathischen oder auch unsympathischen Eigenschaften, man muß sie nur zum Leben erwecken. Gegenstände, die man wieder gebrauchen will, bindet man am besten mit Klebeband oder Schnur an dem Führungsstab an. Andere Gegenstände spießt man auf den Stock auf, und schon sind sie für ein Theaterspiel einsatzbereit.

Handstockpuppen mit einem Umhang aus Stoff
Der Spieler führt die Puppe mit der einen Hand. Die andere Hand steckt er durch einen Schlitz im Kleid und „leiht" sie der Puppe.

Schuhe als Puppen, mit oder ohne Hand

Gießkanne und Wasserschlauch als Puppen
Die Gießkanne ist auf einer Sperrholzplatte mit Klebebändern befestigt und wird mit einem Führungsstab von unten gehalten. Der Wasserschlauch wird mit einem Draht geführt, der fest um die Spitze gewickelt ist.

Die Plastikflasche als Puppe

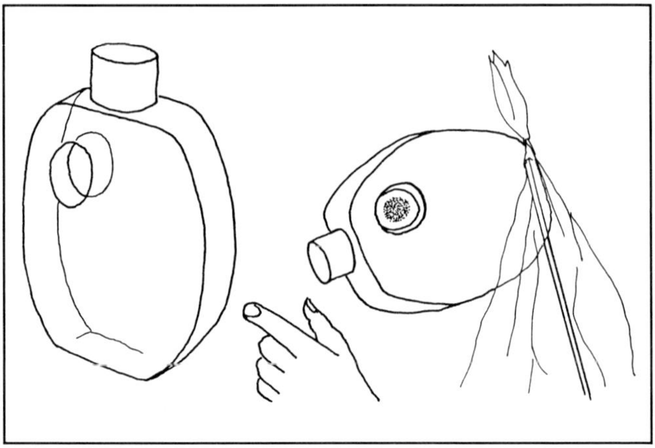

Auge: Die Flasche ist so geformt, daß ihr Henkel ein rundes Loch in der Flasche bildet. In dieses Loch wird eine Styroporkugel mit beidseitig aufgemalten Pupillen eingesteckt.
Führungsstab: Kunststoff-Gardinenstange;
Kostüm: PVC-Folie.

Der Mop als Puppe

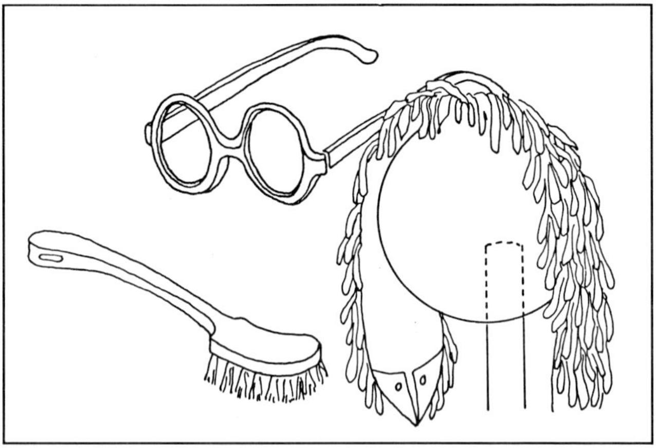

Auf einen Hartschaumklotz werden die Mopfransen aufgesetzt und zugenäht.
Eine Abwaschbürste bildet die Nase, die Brille macht das Ergänzen des Kopfes mit Augen überflüssig. Führungsstab: Besenstiel.

Obst und Gemüse als Puppen

Aber nicht nur alltägliche Gegenstände oder Kleidungsstücke, auch Obst und Gemüse bieten sich als Darsteller in einem improvisierten Puppenspiel an. Sie können sich zum Beispiel auf ihre Weise mit der Problematik einer gesunden Ernährung auseinandersetzen oder, noch besser, eine lustige Theaterparodie aufführen. Dabei kann es sich auch um eine fürchterliche Tragödie handeln, bei der Blut-Saft strömt und Apfelsinenköpfe fallen. Oder wie wäre es mit dem Märchen vom König Kartoffel, der Prinzessin Apfelsine, dem Zauberer Sellerie und dem tapferen Prinzen Knoblauch? Nach gelungenem Spiel werden die Helden des Stückes dann aufgegessen.

Die Plastikflasche und der Mop, improvisierte Stockhandpuppen.

Marotten

Auch die Marotten gehören mit zu den alten traditionellen Puppen. Ähnlich wie die Stockpuppen erfordern sie wegen ihrer einfachen Spieltechnik vom Spieler vor allem spielerische Fantasie und Freude am Spiel. Sie eignen sich daher für die ersten Spielversuche kleiner Kinder, sie werden aber auch von den Meistern im Puppenspiel in großen Theaterstücken eingesetzt.
Wie die Stockpuppen werden sie an einem einzigen Stock geführt, besitzen aber schon Arme. Soweit es für das Spiel von Bedeutung ist, können sie auch mit Beinen ausgerüstet werden. Ihre Glieder werden nicht gelenkt, sie pendeln frei, und die temperamentvolle Beweglichkeit der Puppe wirkt überraschend unmittelbar und lebendig.
Normalerweise haben Marotten keinen Rumpf. Das Kleid wird von den Schultern getragen, an denen auch die Arme befestigt sind. Eine Marotte ist eigentlich körperlos: Wenn sie, mit einem fließenden Umhang bekleidet, leicht in der Luft schwebt, wirkt sie graziös wie eine Fee. Mit ihr lassen sich daher tänzerische Passagen besonders gut darstellen. Aber auch andere Rollen in Komödien, Märchen und anderen dramatischen Theaterstücken können mit ihrer Hilfe ausdrucksvoll gestaltet werden. Wenn sie aus festem Material gebaut wurde, wirkt sie eher wie ein Spielzeug, und ihre „hölzernen" Bewegungen lassen sich humorvoll theatralisch ummünzen.

Der Bauernbursche

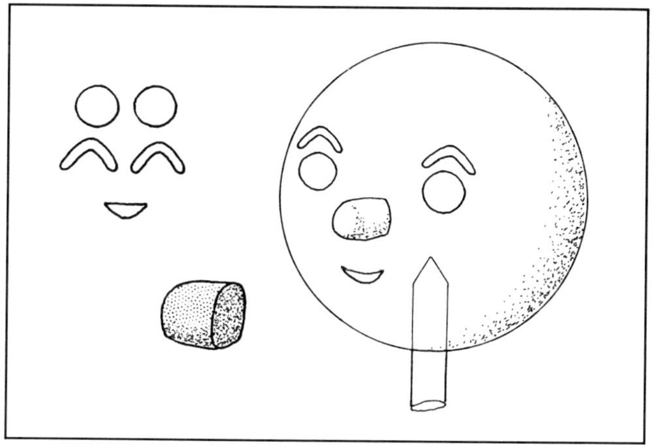

Material für den Kopf
Styroporkugel, ⌀ 11 cm, im Gesicht leicht flachgeschliffen; Trikotstoff für den Bezug; Filz für Mund, Augenbrauen und Augen. Weichschaum für die Nase. Wolle für die Pelzmütze.

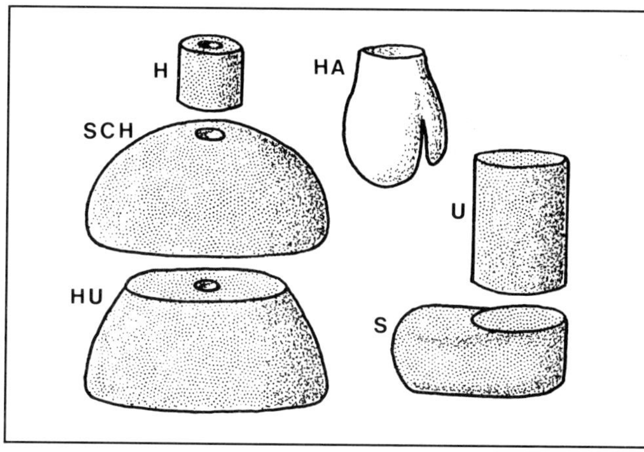

Material für den Körper
Weichschaum für Schultern (SCH), Hüften (HU), Hals (H), Unterschenkel (U), Schuhe (S). Trikotstoff für die Hände (HA), der ähnlich wie bei einfachen Winterhandschuhen zusammengenäht und dann mit Watte ausgestopft wird.

Zusammenbau der Puppe

Wenn die Einzelteile der Marotte fertig sind, wird die Puppe probeweise zusammengesetzt, um am Führungsstab die Stellen zu markieren, wo Schultern und Hüften später angeklebt werden sollen. Eventuelle Mängel und Fehler, zum Beispiel eine unerwünschte Disproportionalität der Körperteile zueinander, lassen sich jetzt noch leicht korrigieren.
Dann kann man die Einzelteile zusammenfügen, am Stab befestigen und das Maß für die Puppenkleider nehmen. Sehr oft kann die Puppe erst zusammengesetzt werden, nachdem ihr Kleid auf den Stab gesteckt wurde. Ebenso muß man mit dem Ankleben der Hände und Schuhe warten, bis die Puppe angezogen ist.

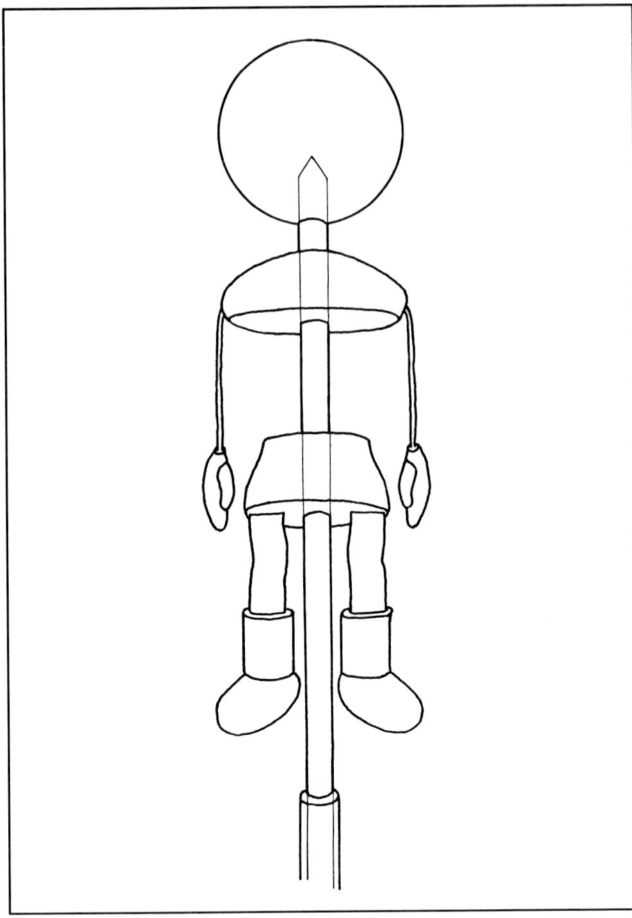

Material
Schmale Stoffbänder oder Schnürsenkel als Arme, ca. 2 cm breite Stoff- oder Lederbänder als Oberschenkel. Führungsstab: Rundholz, ⌀ 6–8 mm, ca. 50 cm lang, mit dickerem Griff.

Material für das Kostüm
Stoff für Weste und Hose, sehr weicher Stoff für das Hemd.

Als Beispiel für eine Marotte ist hier absichtlich eine Puppe gewählt worden, die eine verhältnismäßig anspruchsvoll gearbeitete Kleidung trägt. Das Hemd ist ein unten offener Sack, ohne eingearbeiteten Kragen und Armlöcher. Der Kragen ist zusätzlich am Hals angeklebt. Die Ärmel werden oben zusammengerafft und am Hemd angenäht. Die Pelzmütze ist aus zotteliger Wolle gestrickt.
Die Schnitte für Weste und Hose zeigen die Abbildungen auf Seite 34. Damit die Ärmel und die Hose nicht nur wie leere Stoffröhren aussehen, macht man sie ein wenig länger als die Bänder, an denen jeweils die Hände und Beine der Puppe befestigt sind.

Der Bauernbursche, eine Marotte aus Weichschaum und Stoff.

Nähen der Weste
Linien „a" mit „a1" und „b" mit „b1" zusammen nähen. Dann Schlitze für die Ärmel schneiden.

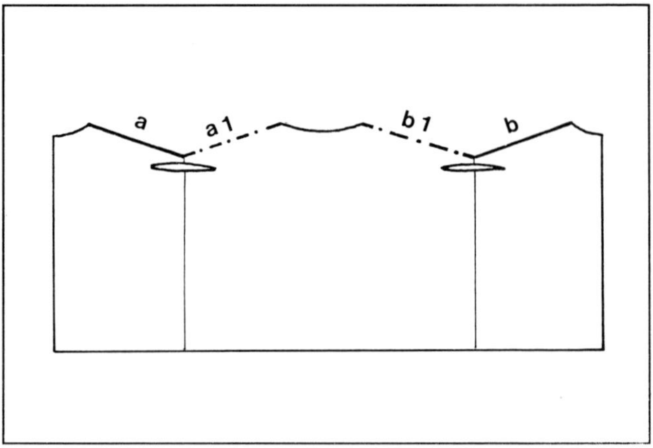

Nähen der Hose und Ärmel
Hose: Zwei gleiche Stoffröhren nähen. Die schräg geschnittenen Linien „c" mit „d" und „e" mit „f" zusammennähen.
Ärmel: zwei gleiche Stoffröhren nähen, oben zusammenraffen und an den Schultern ans Hemd annähen.

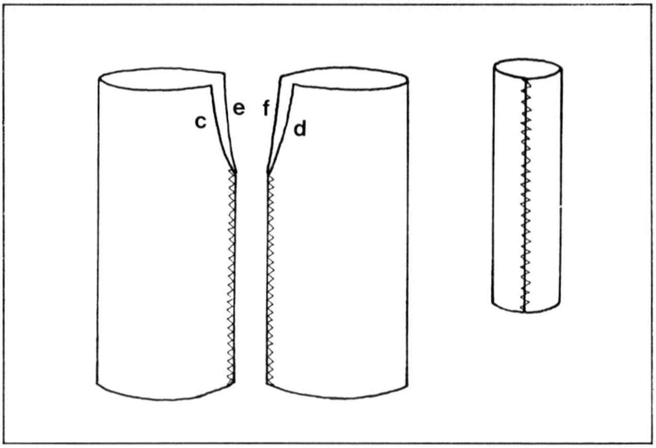

Einfaches Kostümieren der Marotten

Die Kleidung einer Marotte läßt sich sonst auch sehr viel weniger aufwendig herstellen. Ähnlich wie für die Stockpuppen ein Trichter aus Karton gemacht wird, kann man für das Kleid einer Marotte ein Kostüm aus einem Kreisausschnitt aus Stoff anfertigen. Ein solches Hemd läßt sich dann mit einfachen Mitteln je nach Charakter der Figur abändern. Einige Beispiele zeigen die Abbildungen auf Seite 35.

Vorschläge zur Herstellung der Arme

Auch die Ärmel lassen sich durch einfachere ersetzen, indem zum Beispiel weiche Gummiröhrchen, Schnüre, Wollbündel oder aufgefädelte Holzperlen verwendet werden. Selbstverständlich werden auch diese Arme nur in einem Punkt an den Schultern befestigt.

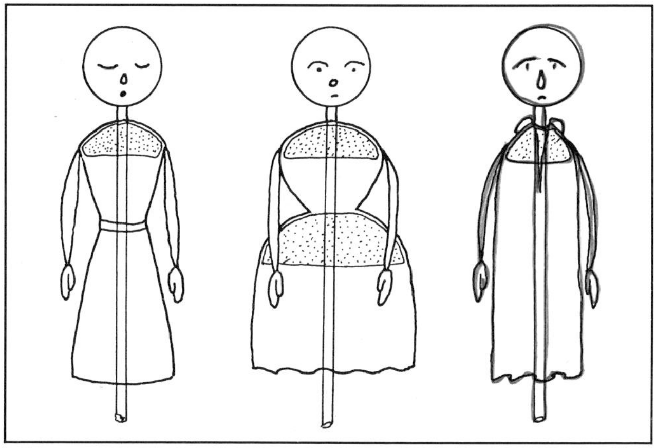

Kostümvarianten für Marotten

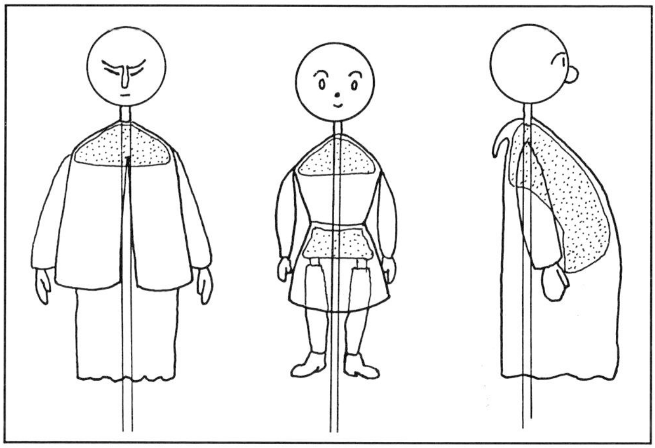

Schmale oder breite Schultern, dicker oder dünner Bauch, schmale oder breite Hüften, weites Kleid oder in der Taille zusammengeschnürtes Kleid – dies sind alles einfache Mittel, um jede Puppe entsprechend ihrem Charakter individuell zu gestalten.

Daumesdick

Hartschaum für Kopf, Rumpf und Glieder. Schmale Stoffbänder für die Schultergelenke, ca. 2 cm breite Stoffbänder für die Hüftgelenke. Rundholz, ⌀ 10 mm, ca. 25 cm lang, und eine Eisenstange, ⌀ 3 mm, ca. 40 cm lang. Rundholz, ca. 15 cm lang, für den Griff.

Wie schon erwähnt, können die Marotten auch aus festen Materialien gebaut werden. Die jeweilige Bauart verändert natürlich nicht nur das Aussehen der Puppen, sondern bestimmt auch ihre Charakter und beeinflußt ihre Spielfähigkeiten. Eine Marotte mit geformtem Rumpf und modellierten Gliedern wirkt nicht mehr so feenhaft und tänzerisch, sondern eher handfest und derb. Auf eine lustige Weise verraten die freibeweglichen Glieder das kaum kontrollierbare Temperament der Puppe. Wenn die Arme und Beine dagegen auf einer festen Achse befestigt sind und nur nach vorn und hinten schwingen können, wirkt die Puppe sogar sehr streng und energisch.

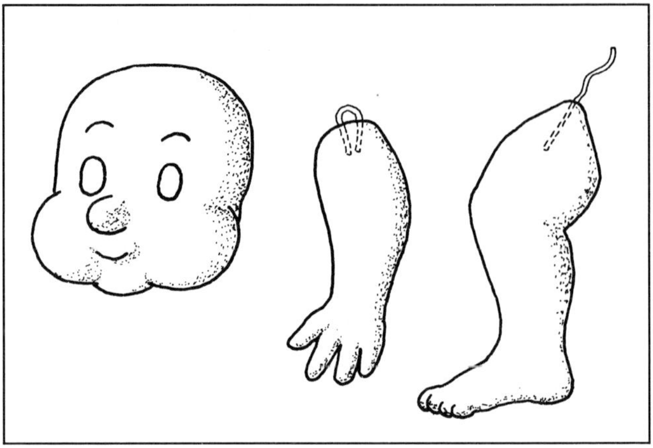

Kopf, Arme und Beine sind aus Hartschaum geschnitzt, kaschiert und bemalt. In Arme und Beine werden Stoffbänder für die Gelenke eingesetzt.

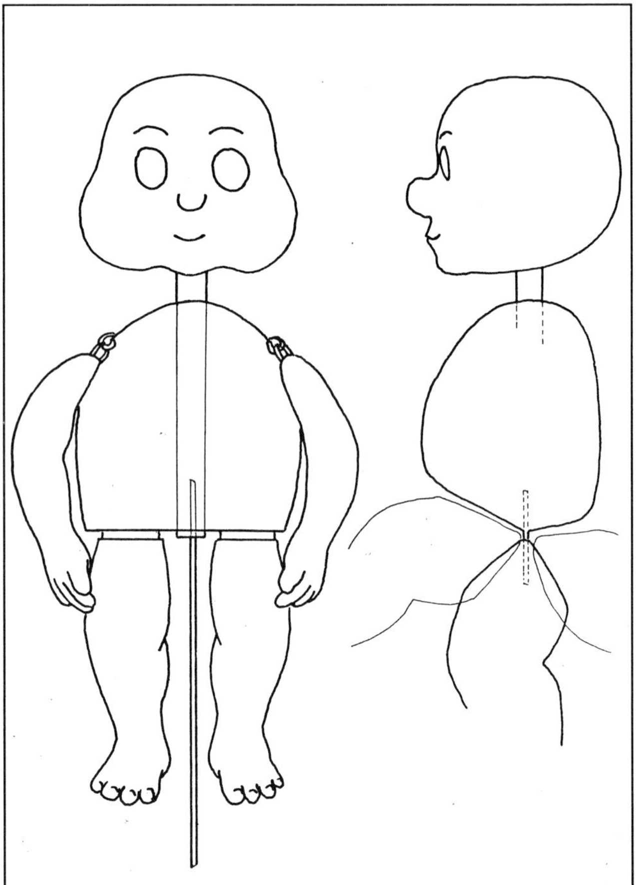

Zusammenbau der Puppe

Das Rundholz durch den Rumpf stechen, den Kopf oben ansetzen und beide Teile am Rundholz ankleben. Die Eisenstange als Führungsstab von unten in das Rundholz einstechen. Auf die Eisenstange unten einen hölzernen Griff aufsetzen. Die Bewegungsmöglichkeit der Beine hängt davon ab, wie schräg Oberschenkel und Bauch angeschliffen wurden.

Daumesdick, eine Marotte aus Hartschaum.

Marotte aus festen Materialien mit hohlem Rumpf

Bei der Puppe vom Daumesdick, die hier als Beispiel dient, sind alle Glieder modelliert, da die Puppe nur ein kurzes Hemd ohne Ärmel trägt. Bei Puppen, die vollständig angezogen sind, kann man Arme und Beine durch Holzstäbe ersetzen und modelliert nur die Hände, Füße oder Schuhe.
Weil es sich beim Daumesdick um die Figur eines Kindes handelt, eines kleinen, lustigen und temperamentvollen Jungen, ist der Rumpf nicht fest mit dem Führungsstab verbunden, sondern leicht beweglich aufgehängt. Diese kleine Änderung ermöglicht der Puppe lockere Bewegungen, die dem gewünschten Charakter der Gestalt entsprechen.

Aufgehängte Schultern mit Schultergelenken
Der ganze Rumpf ist aus einem Stück Hartschaum geformt, kaschiert und ausgehöhlt. Mit vier Fäden ist er am Hals befestigt. Damit er nicht zu sehr hin und her pendelt, müssen die Fäden durch Knoten fixiert werden. Die Länge dieser Fäden bestimmt dabei, wie stark der Kopf gedreht werden kann.

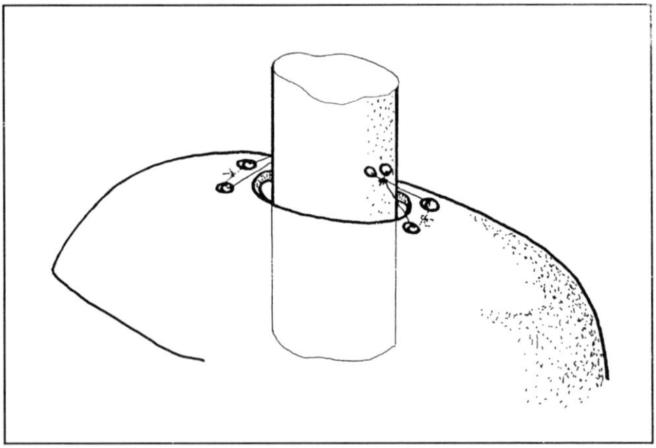

Beine auf einer festen Achse
Bei Puppen mit aufgehängtem Rumpf werden die Beine am Führungsstab befestigt. Als Achse dient eine Eisenstange (ø 3 mm), die durch den Führungsstab läuft. Das Lager in den Beinen besteht aus Aluminiumröhren. Holzperlen sichern den Abstand der Beine zum Führungsstab.

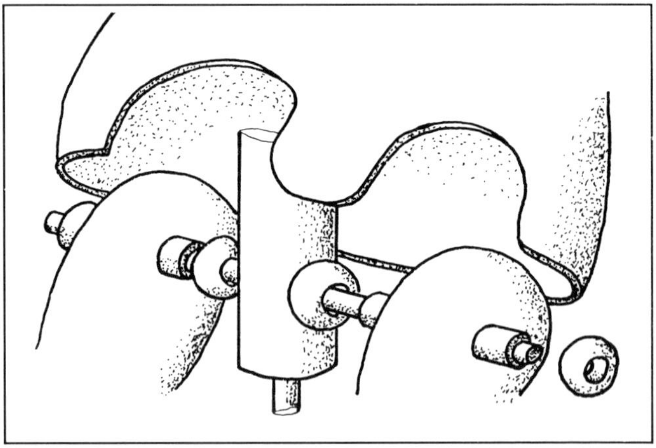

Tierfiguren

Kleine Tierfiguren lassen sich schon mit einem Stab gut führen. Man kann die Puppen aus ganz verschiedenen Materialien anfertigen. Die ganz kleinen Figuren haben im allgemeinen keine beweglichen Körperteile, bei den größeren Figuren genügen bereits Ohren aus weichem Filz, ein elastisches Schwänzchen oder pendelnde Beine, um die Puppe lebendiger zu machen. Größere Tierfiguren, die noch beweglicher sein sollen, gliedert man am besten in zwei Teile. Meistens werden Rumpf und Kopf getrennt voneinander geführt, aber ebenso kann man mit Körper und Schwanz oder Vorderteil und Hinterteil des Körpers verfahren. Darüber entscheidet die Form der Puppe und ihre Spielaufgaben.

Kleine Tiere auf einem Stab
Der Vogel ist aus zwei kleinen Styroporkugeln hergestellt, die Maus ist aus Weichschaum ausgeschnitten.
Die Flügel, der Schnabel, Ohren und andere Details können aus Filz, Leder oder Weichschaum angefertigt werden.

Der Hund

Den Kopf aus Hartschaum schnitzen. Den mit einer Bohrung für den Führungsdraht (ø 3 mm) versehenen Holzdübel (ø 10 mm) einkleben. Das Hinterteil des Hundes aus Holz aussägen, schleifen und mit Bohrungen für den Führungsdraht und den Schwanz versehen.

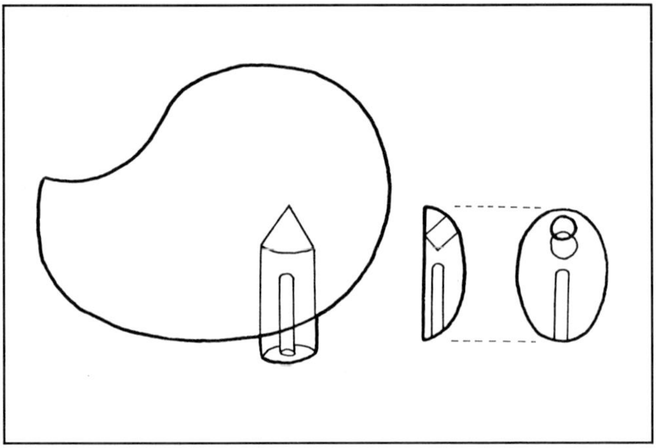

Den Kopf mit gestricktem Stoff bekleben. Entsprechend geformte Schläuche für Rumpf, Ohren, Beine und Schwanz stricken. Die tütenförmigen Beine innen mit Holzperlen beschweren, in den Schwanz einen dünnen Gummischlauch oder eine Spiralfeder einstecken.

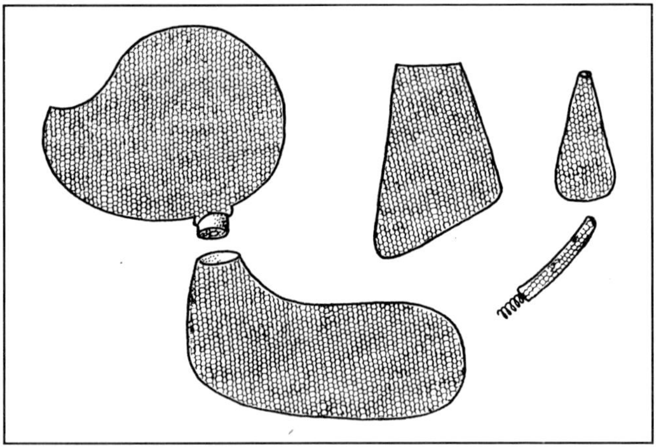

Den Körper des Hundes leicht mit Bastelwatte ausstopfen, damit er etwas Form bekommt, und am Hals ankleben. Die Führungsdrähte und den Schwanz einsetzen. Augen und Nase aus Sperrholz aussägen oder Knöpfe verwenden. Augenbrauen und Ohren ankleben. Beine freipendelnd annähen. Führungsstäbe mit Griffen versehen.

Der Hund, eine Tierpuppe, die mit zwei Stäben geführt wird.

Tierfiguren mit mehreren Führungsstäben

Bei besonders großen oder langen Tieren, zum Beispiel bei Schlangen, Krokodilen oder Drachen, sind manchmal mehr als zwei Führungsstäbe erforderlich. Dazu werden dann auch mehrere Spieler benötigt. Dies gilt aber nur für den Fall, daß die Ungeheuer vom Kopf bis zum Schwanz auf der Bühne gezeigt werden. Sehr oft genügt es schon, und auf kleinen Bühnen ist es sowieso wegen des Platzmangels nicht anders möglich, wenn die Figur einerseits nur mit ihrem Kopf und vielleicht noch mit den Vorderpfoten erscheint. Wenn dabei andererseits in entsprechender Entfernung ihr Schwanz noch wedelt, entsteht beim Zuschauer der Eindruck, die ganze Gestalt gesehen zu haben.

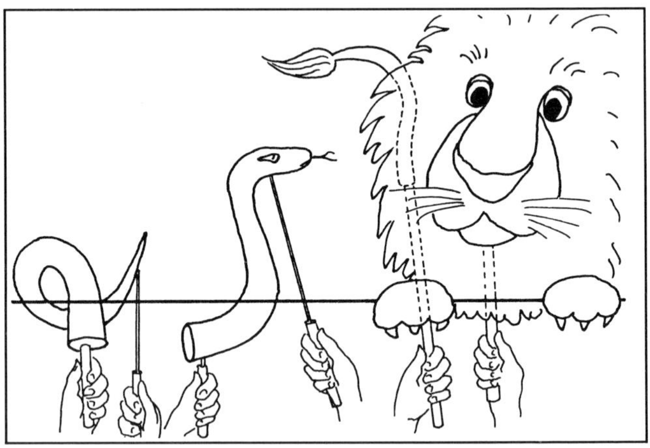

Große Tierfiguren bestehen oft aus mehreren Teilen, die dann auch getrennt geführt werden.

Felle und Fellimitationen als Bezüge der Tierfiguren

Felle oder Fellimitationen als Bezug der Tierfiguren wirken gewiß sehr überzeugend, vermindern bei kleineren Puppen jedoch die Beweglichkeit. Je nachdem, welche Aufgaben die Puppe erfüllen soll, muß man entscheiden, was für die Figur wichtiger ist und ob man nicht lieber nach weichen und geschmeidigen Materialien suchen sollte.

Der fliegende Vogel

Auch Vögel lassen sich schon gut mit zwei Stäben führen. Wenn sie die Flügel bewegen sollen, sollte man auf die Kopfbewegungen verzichten und die Flügel mit zwei Stäben lenken, ähnlich wie die Arme einer Stabpuppe (siehe Seite 46).

Körper und Kopf sind aus Hartschaum geschnitzt. Die Flügel werden aus Sperrholz ausgesägt und mit Stoffbändern am Körper befestigt. Die Führungsstäbe sind mit einer Lederöse an den Flügeln befestigt, damit sie volle Bewegungsfreiheit haben. Der Körper des Vogels wird mit einem starr befestigten Stab geführt.

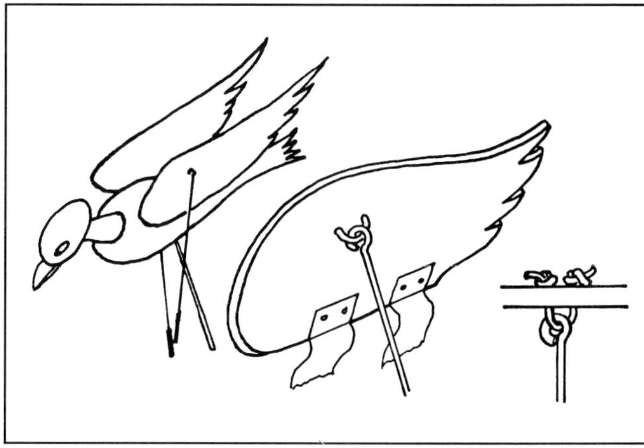

Das Gänslein

Der Bau des Gänsleins folgt einem ähnlichen Prinzip wie der des Hundes. Kopf und Rumpf aus Hartschaum, Beine aus Weichschaum. Die ganze Puppe ist mit Fellimitation bezogen. Der Hals ist aus Weichschaum geschnitten oder als ein beweglicher Stoffschlauch genäht.

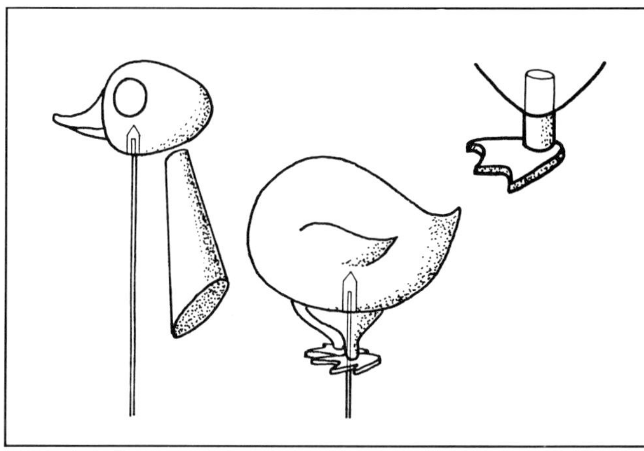

Gänslein mit versteckten Führungsstäben
Tierfiguren mit ausreichend großem Rumpf können auch ohne sichtbare Stäbe geführt werden. Durch eine Öffnung am Bauch der Puppe steckt der Spieler seine Hand in den hohlen, kaschierten Rumpf. Ein fester Griff am Boden des Rumpfes ermöglicht die Führung.

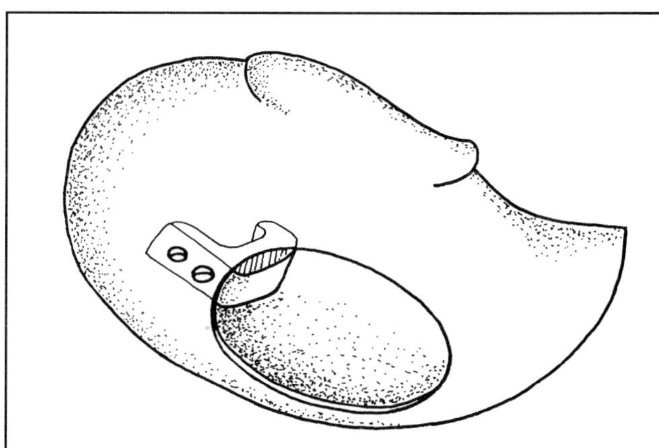

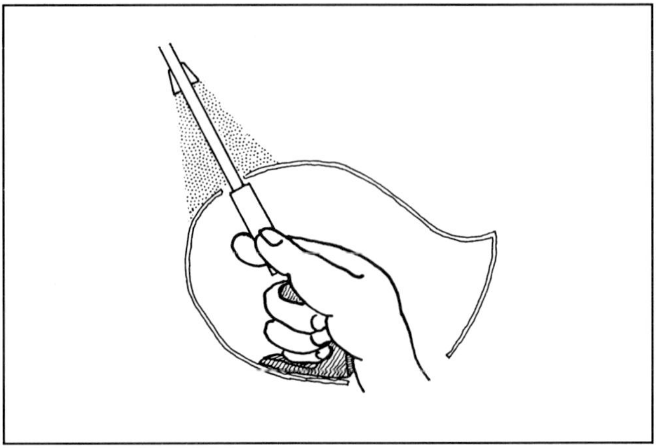

Mit Daumen und Zeigefinger wird der Stab für den Kopf der Puppe bewegt.
Der Hals besteht aus einem Kegel aus Weichschaum, so daß er immer aufrecht gehalten wird. Der Holzring oben am Stab verhindert, daß der Stab nach unten rutscht, und hält den Kopf in gleicher Höhe.

Der Rabe

Variante der Führung einer Puppe mit zwei Stäben.

Der Rabe (siehe Abbildung Seite 17) wird ebenfalls mit zwei Stäben geführt. Weil er seinen Körper ganz aufrecht hält, lassen sich die Führungsstäbe so anbringen, daß man sie kaum sieht. Der Stab zum Kopf läuft durch eine U-förmige Aushöhlung am Rücken und durch den Hals. Das Rückengefieder und der Schwanz sind aus weichem Schaumstoff geschnitten und wie ein Deckel über die Aushöhlung geklebt.
Der große Spielraum im Rumpf des Vogels und der lange Hals aus Filz erlauben ungehinderte Bewegungen des Kopfes in alle Richtungen. Der Rabe kann den Kopf auch tief zwischen den Schultern einziehen oder ihn neugierig weit nach vorn hinausstrecken.

Material
Hartschaum für Kopf und Rumpf, Papier zum Kaschieren. Weichschaum für das Gefieder. Draht und Schnur für die Beine. Zwei Eisenstangen mit Griffen als Führungsstäbe.
Ein Schlauch aus Filz bildet den Hals. Die Beine sind aus einem Draht geformt und mit in Leim getauchte Schnur umwickelt.

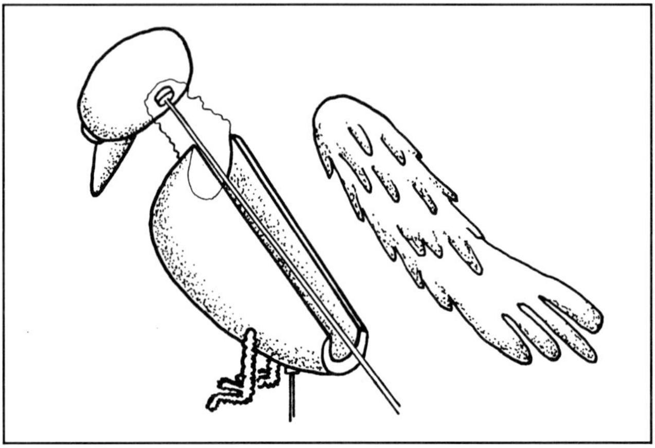

Das Gänslein, eine Puppe mit versteckter Führung des Kopfes.

Stabpuppen

Die traditionellen javanischen Stabpuppen, die als Vorbild für die heutigen europäischen Stabpuppen gedient haben, sind ziemlich einfach konstruiert. Sie haben einen einfach drehbaren Kopf und an Stäben geführte Arme. Die Arme haben Ellenbogengelenke und Schultergelenke, aber kein Handgelenk.
Ihre europäischen Nachfolger haben deutlich mehr Bewegungsmöglichkeiten, dafür stellen sie aber auch wesentlich höhere Ansprüche an die Spieler. Für junge und wenig geübte Spieler eignen sich solche Puppen besser, die, ähnlich wie die indonesischen, leichter zu führen sind. Schon das Führen der beiden Stäbe zu den Armen der Puppe, die man nur mit den Fingern einer Hand bedient, erfordert eine gewisse Geschicklichkeit.
Für den Anfang empfiehlt es sich daher, lieber nur einen Arm der Puppe zu führen und den anderen, ohne Führungsstab, frei pendeln zu lassen. Eine andere Möglichkeit besteht darin, ihn dauerhaft zu „beschäftigen", indem die Puppe die Hand ständig in die Tasche steckt oder damit ein Buch, einen Korb, einen Schild oder ein anderes, für die Gestalt typisches Requisit trägt.
Bei den indonesischen Puppen ist der obere Teil des Rumpfes aus Holz geschnitzt und für den Führungsstab durchbohrt. Leichter läßt sich mit einem Aluminium- oder Plastikrohr arbeiten, durch das ein genau

passender Rundstab geführt wird. Den richtigen Durchmesser des Stabs erreicht man, indem der zu dicke Stab abgeschmirgelt und der zu dünne mit Ringen aus Papier verstärkt wird. Papierstreifen, gründlich mit Holzleim bestrichen, werden oben und unten fest um den Stab gewickelt und gut durchgetrocknet. Bei Puppen, deren beide Hände geführt werden, braucht man nur ein kurzes Rohr durch die Schulterpartie. Die Arme halten nämlich den „Körper" beim Kopfdrehen in Ruhe. Soll dagegen auch mit den Schultern gespielt werden, ist ein langes Rohr nötig, das dann bis ganz runter an den Griff des Führungsstabes geführt wird.

Stabpuppe mit drehbarem Kopf

Material
Hartschaum und Modelliermasse für den Kopf. Sperrholz und Weichschaum für die Schultern.
Rundholz für den Führungsstab, ⌀ 8–10 mm, ca. 50 cm lang, und dickeres Rundholz für den Griff.
Aluminiumrohr, dessen Durchmesser der Stärke des Holzstabs entspricht. Für das Modell A ca. 8 cm, für das Modell B ca. 35 cm lang.
Material für Arme und Hände nach eigener Wahl (siehe Abbildungen S. 15). Eine oder zwei Eisenstangen (⌀ 3 mm) mit Griffen für die Führung der Hände. (Anbringen der Stäbe siehe Seite 48 und 55.)

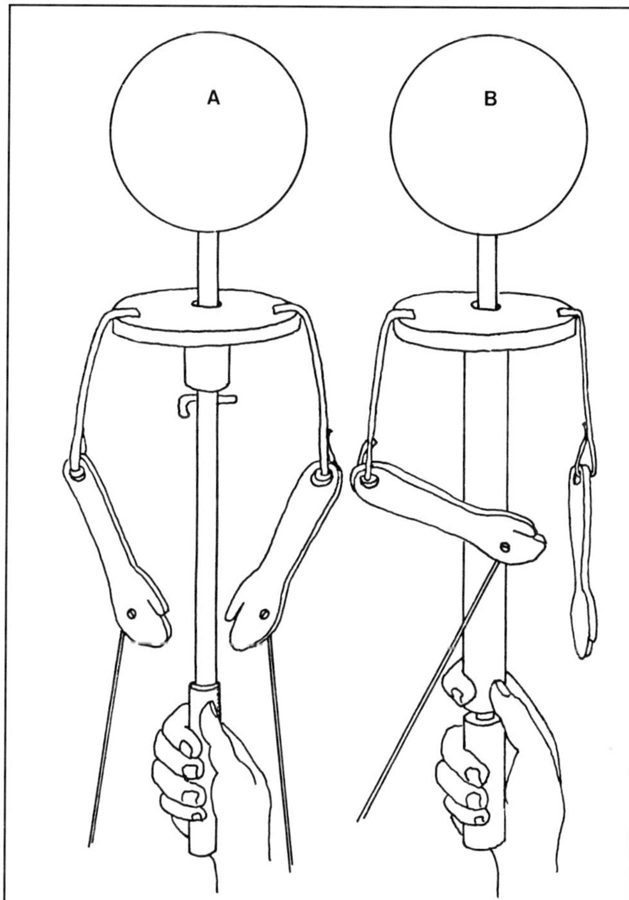

Spaßmacher

Die hier abgebildete Figur eines Spaßmachers ist dem Vorbild einer indonesischen komischen Figur nachempfunden. Es sind einige der charakteristischen indonesischen Formen und Farben übernommen worden, zum Beispiel die breiten Schultern, die ausgezeichnet beweglichen Ellenbogengelenke und die hölzernen Führungsstäbe. Ansonsten ist der Spaßmacher aus ganz modernen Materialien hergestellt. Sein Kopf besteht aus einem Hartschaumkern, auf den mit Knetmasse modelliert wurde, sein Oberkörper besteht aus dickem geschliffenem Sperrholz, das mit Kunststofffasern umwickelt wurde. Die Fransen, die seinen Rock bilden, sind goldengefärbte alte Tonbänder.

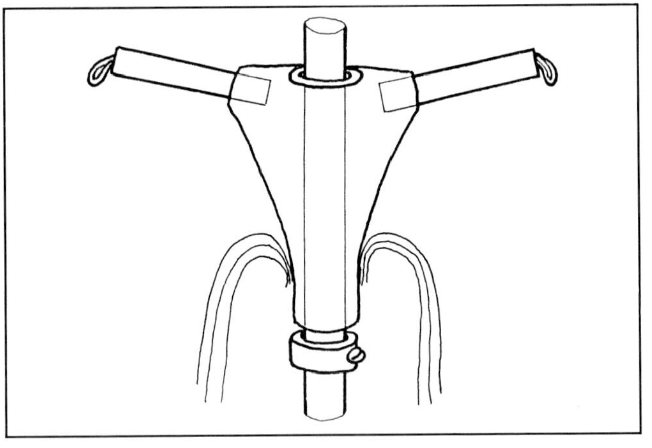

Oberkörper und Schultern des Spaßmachers
Zwei Rundhölzer, in das Oberteil des Rumpfes eingesetzt, bilden die breiten Schultern. Die Stoffbandösen, mit denen die Schultern versehen sind, dienen zum Aufhängen der Arme. Der hölzerne Ring unter der Brust hält den Oberkörper in der richtigen Höhe.

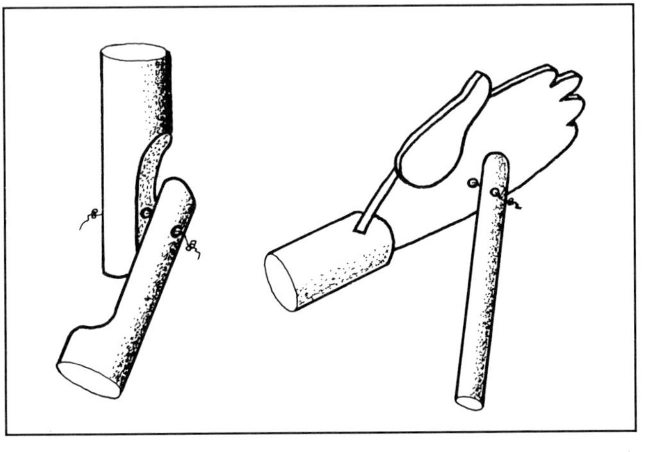

Ellenbogengelenk und Hand mit dem Führungsstab
Im Ellenbogen sind die Arme durchbohrt und mit einem festen Faden verbunden, was ein leicht bewegliches Gelenk ergibt. Ähnlich sind auch die Führungsstäbe mit einem Faden an der Handfläche befestigt.

Der Spaßmacher, eine Stabpuppe mit drehbarem Kopf, frei nach javanischen Vorbildern.

Zwei andere Varianten der Kopfführung

Das Spiel mit einer Puppe, deren Kopf ohne Beschränkung ringsum drehbar ist, hat natürlich auch seine Tücken. Für Figuren, die sich ruhig und würdevoll benehmen sollen, ist eine zuverlässige Haltung des Rumpfes und ein vollkommen kontrolliertes Drehen des Kopfes wünschenswert.
Mit der folgenden Abbildung werden zwei einfache Führungsarten demonstriert, die eine gute Bewegungskontrolle ermöglichen. Bei schlanken Figuren eignet sich besser die Variante A, bei der Vorrichtung B werden für die zwei Führungsstäbe mächtigere Schultern benötigt. Sonst kann man nach eigenem Geschmack oder vorhandenem Material wählen.

Modell A: Das Aluminiumrohr dient als Hauptführungsstab. Der Kopf wird mit einem zusätzlichen Rundholz gelenkt. Durch einen Schlitz im Rohr wird mit einem Stift oder einer Schraube der Rundholzstab mit dem Kopf gedreht.
Modell B: Ein Führungsstab trägt die Schultern. Ein anderer wird durch ein Loch in den Schultern und durch eine Ringschraube bis zum Daumen und Zeigefinger des Spielers geführt. Ein Stift oberhalb der Ringschraube und ein Holzring unterhalb der Ringschraube fixieren den Stab und damit auch den Kopf. Zwei Stifte auf dem Holzring begrenzen den Grad der Kopfdrehung (siehe Detail C).

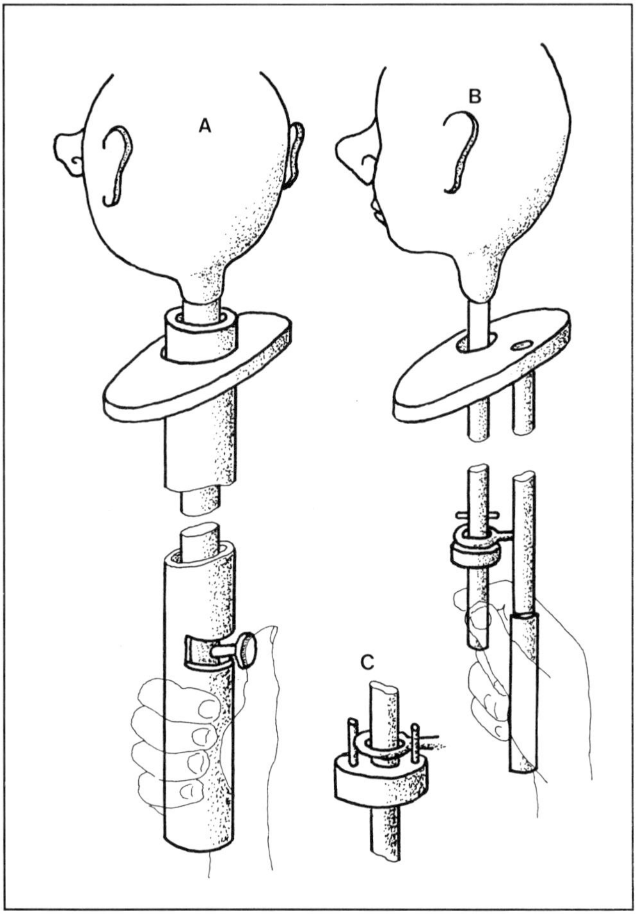

Europäische Stabpuppen

Die heute üblichen Stabpuppen unterscheiden sich von den klassischen vor allem in zwei Punkten: Ihre Köpfe können sich nicht nur drehen, sondern auch in alle Richtungen neigen, und ihre Hände sind durch Gelenke mit den Armen verbunden.
Bei großen Figuren, die auch in den Hüften beweglich sein sollen, braucht man eine Verbindung zwischen dem Kopf der Puppe und der Hand des Spielers, einen Mechanismus also, mit dem der Kopf gelenkt wird.
Um alle Bewegungsmöglichkeiten einer Stabpuppe voll zur Geltung zu bringen, wird Fingerfertigkeit und Fingerspitzengefühl benötigt. Dies kann man nur durch häufiges Üben erreichen.

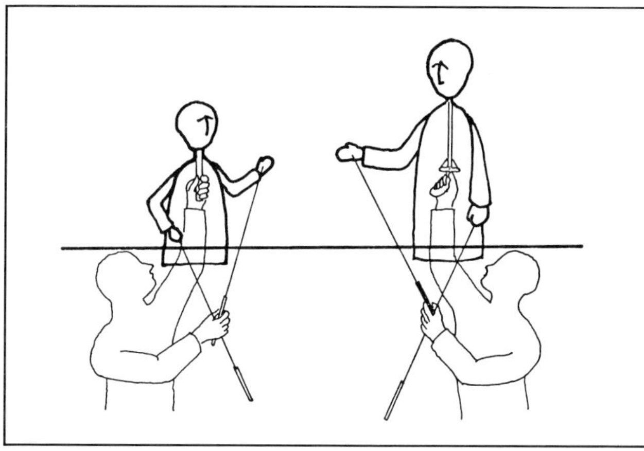

Kurze und lange Führung der Stabpuppen

Stabpuppe mit beweglichem Kopf – Wassermann

Eine wesentliche Erleichterung für den Spieler ist die Führung der Puppe mit Hilfe eines kurzen Stabes. Er hält den Stab in Brusthöhe der Puppe und lenkt den Kopf direkt. Die hohlen Schultern werden beweglich am Stab aufgehängt (siehe auch Abbildung Seite 52). Eine so geführte Puppe verliert zwar etwas an Größe, weil sie für das Publikum nur von den Hüften aufwärts zu sehen ist, gewinnt aber an Unmittelbarkeit und Beweglichkeit. Vorteilhaft sind auch die kürzeren Führungsstäbe zu den Armen. Unterschiedliche Körpergröße der Spieler läßt sich bei mit kurzem Stab geführten Puppen weniger gut ausgleichen.

Befestigen der Schultern
Die Schultern werden entweder mit vier Fäden oder mit Hilfe eines weichen, etwa 2 cm breiten Stoffbandes am Hals aufgehängt (siehe auch Abbildung S. 38). Das Stoffband durch eine Bohrung im Hals stekken, an beiden Seiten dicht am Hals knoten und an den Schultern gut ankleben.

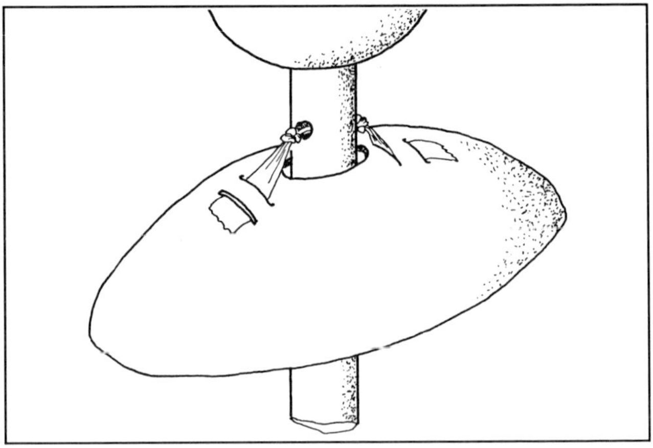

Griff des Führungsstabs
Am besten läßt sich die Puppe führen, wenn man das Ende des Stabs in der Handfläche hält. Die Haltung wird bequemer, wenn der Stab mit einem dicken, abgerundeten Griff versehen ist. Man kann ihn aus Korken (a) oder aus Rundholz (b) anfertigen oder einfach eine Holzkugel am Stab ansetzen (c).

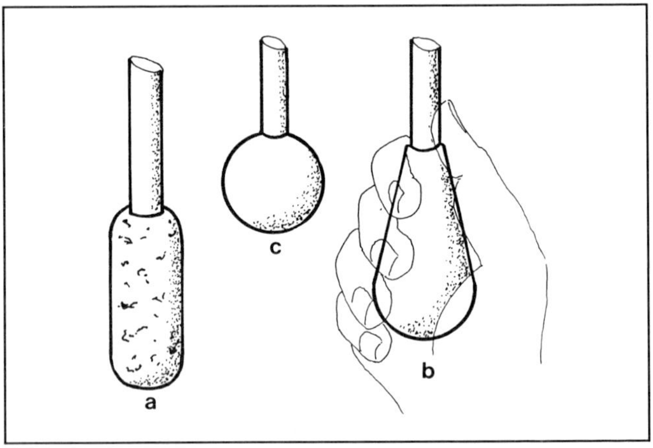

Hand und Handgelenk
Die Hände werden aus 5 mm dickem Leder ausgeschnitten. In nassem Zustand läßt sich das Leder gut formen und hält seine Form, wenn man es anschließend trocknet. Die schräg angeschliffenen Flächen im Handgelenk bestimmen das Ausmaß der möglichen Handbewegung.

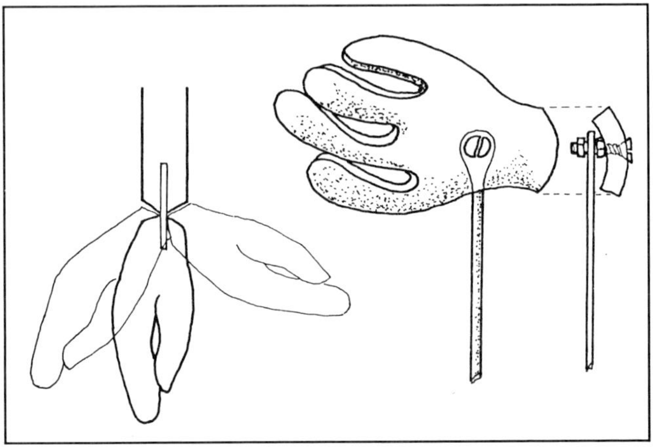

Der Wassermann, eine Stabpuppe mit beweglichem Kopf.

Material für den Wassermann

Den grundlegenden Aufbau des Handgelenks kann man der Abbildung auf Seite 52 entnehmen. Die Hand kann dabei mit dem Unterarm mit Hilfe eines Metallscharniers oder aber genauso zuverlässig und vielleicht sogar geschmeidiger mit Hilfe von Gelenken aus Leder- oder Stoffbändern verbunden werden.
Der Kopf des Wassermanns ist aus Hartschaum geschnitten, sein Gesicht ist aus Knetmasse modelliert, seine Hände und Handgelenke sind aus Leder.
Die Oberarme sind durch Stoffbänder ersetzt (siehe auch Abbildung Seite 15). Die Haare des Wassermanns werden aus feinem porösem Weichschaum geschnitten.

Kostüm
Das „Hemd" ist ein einfacher Sack, unten offen. Wie es das nebenstehende Bild zeigt, ist der Frack aus einem Stück Stoff geschnitten. Nur die Ärmel und das Oberteil des Fracks werden durch Nähte zusammengehalten.

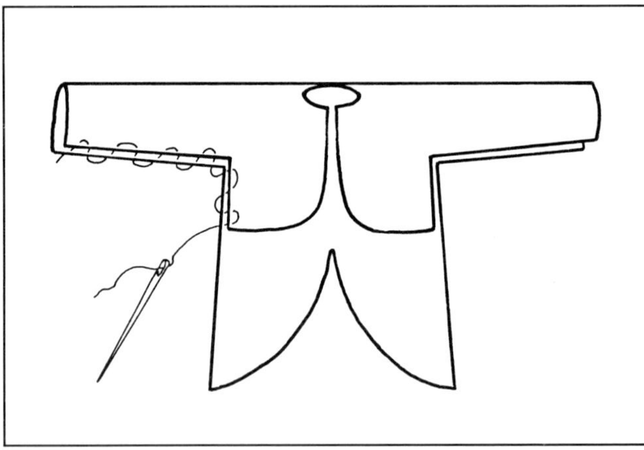

Führungsvorrichtung für Langstabpuppen

Material
Sperrholz, 10–14 mm, 3 mm und 8 mm. Vierkantholz 10x10 mm. Eisenstange, ø 3 mm. Gummiband. Aus dem dicken Sperrholz den Hauptführungsstab mit dem Pistolengriff aussägen. Den Hals aus drei Schichten Sperrholz (3 mm) zusammenkleben.

Der Vollständigkeit halber soll noch die Führungsvorrichtung für Puppen gezeigt werden, die mit langem Stab geführt werden. Der hier vorgestellte Mechanismus gehört zu den bewährtesten Führungsvorrichtungen. Er läßt sich relativ einfach, ohne anspruchsvolle Werkstattausrüstung und besonderes Material herstellen und funktioniert problemlos.
Ein Pistolengriff wird bei den Führungsvorrichtungen von Stabpuppen relativ häufig verwendet, da er am besten unserer Handhaltung entspricht. Da er jedoch mehr Platz beansprucht, ist er für sehr schlanke Figuren wenig geeignet. Bei solchen Figuren wählt man einen senkrechten Griff.

An dem oberen Ende des Vierkantstabs eine Lagerung für den Hals mit zwei angeklebten Platten bilden (Detail A), das andere Ende rund abschleifen.
An den Führungsstab eine 8mm-Platte mit einem Loch (ø 14 mm) ansetzen (B) und in den Griff ein etwa 1 cm tiefes Loch bohren.
An den Vierkantstab einen Schieber einschieben. Den Schieber aus vier Holzteilen (Detail C) zusammenkleben und rundschleifen (Detail D). Das Vierkantholz mit dem Holzring (hr) sichern. Stifte (f1 und f2) am Hals und am Schieber durch die Eisenstange (e) verbinden. Ein Gummiband (g) am Vierkantholz (rs) und am Hals (s) befestigen. Es hält den Kopf aufrecht. Die Schultern am Führungsstab befestigen und den Kopf auf den Hals aufsetzen. Den Hals mit Knetmasse oder Schaumstoff formen. Durch Drehen und Schieben des Schiebers bewegt sich auch der Kopf. Für die Führung der Hände werden Eisenstangen (ø 3 mm) verwendet, die oben flachgeklopft und durchbohrt sind. Sie werden an die Handflächen drehbar geschraubt (E), oder wie bei Abb. F und G in die Hände versenkt.

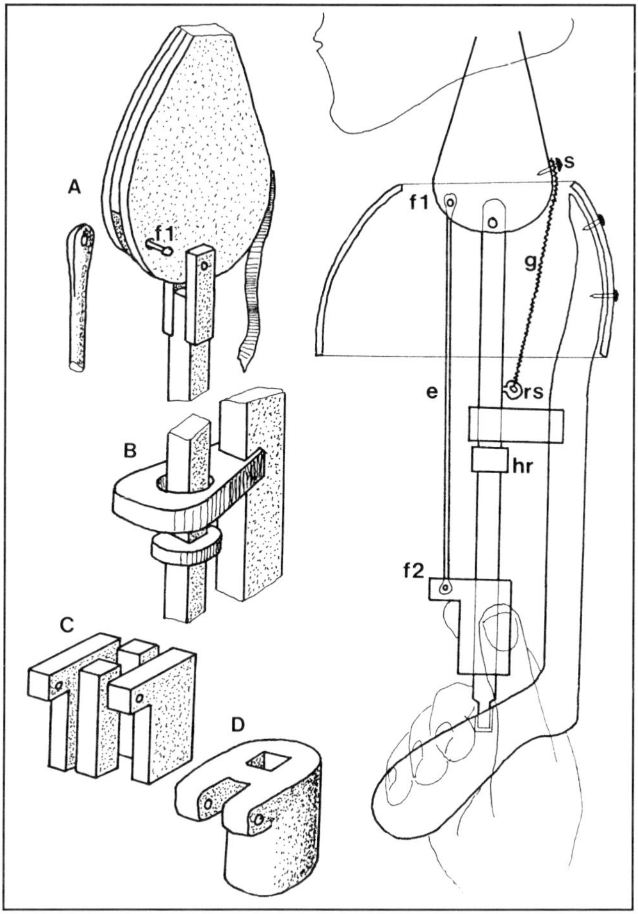

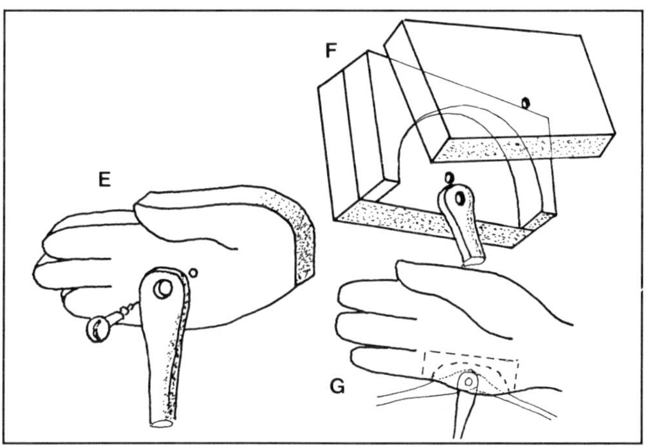

Bühne, Kulissen, Requisiten und Spiel

Bühne

Alle in diesem Buch aufgeführten Puppenarten eignen sich auch für das Spiel im freien Raum. Man kann für sie auch eine improvisierte Bühne bauen, indem über eine Holzstange oder eine gespannte Leine ein Bettuch oder ein anderer Vorhang geworfen wird. Hinter der Bühne muß immer genug Platz für alle Spieler sein. Wenn an dem Spiel nur wenige Spieler beteiligt sind, reicht im allgemeinen eine auf einen Tisch gestellte Bühne. Bei größeren Inszenierungen lohnt sich schon der Bau einer zusammenklappbaren Bühne aus Holzrahmen. Die Breite der Bühne soll immer im Verhältnis zur Größe der Puppen stehen, ihre Höhe richtet sich nach der Körpergröße der Spieler.

Improvisierte Bühne im Freien

Kleine Tischbühne, mit einer Spielleiste ausgerüstet
Die seitlichen Säulen werden mit Schraubzwingen an der Tischplatte befestigt. Als Abdeckung dient ein Vorhang, ein Bogen Papier oder Wellpappe.

Bühnenkonstruktion mit Holzrahmen
In den Ecken sind die Holzrahmen mit Scharnieren verbunden. Die Holzrahmen selbst werden durch Schrauben zusammengehalten. Die Höhe der Abdeckung vorn ist verstellbar.

Kulissen

Anfertigung und Verwendung

Die Kulissen fertigt man aus Sperrholz oder Pappe an und versteift sie von hinten mit Holzleisten, soweit dies nötig ist. Im Hintergrund der Bühne genügen flache Dekorationsstücke. Im Vordergrund wirken Kulissen besser, die nicht bemalt, sondern mit verschiedenen Materialien beklebt sind, oder aber als Flachrelief aus einer Hartschaumplatte geschnitzt und kaschiert werden.
Je weniger Kulissen verwendet werden, desto deutlicher treten die Figuren hervor und können mehr Platz im Spiel beanspruchen. Sehr wichtig ist ein ruhiger, Bühnenhintergrund. Mit einer passenden Färbung versehen, macht er so manche Dekoration überflüssig.

Spielleiste

Eine sogenannte Spielleiste, ein etwa 10 bis 15 cm breites Brett, das am oberen Rand des Spielparavents angebracht wird, leistet viele gute Dienste. Kulissen lassen sich mit Klammern oder Schraubzwingen daran befestigen, und Requisiten lassen sich dort ablegen, wenn sie für das Publikum sichtbar bleiben müssen. Sonst legen die Puppen die Requisiten auf den imaginären Boden der Bühne hinter dem Paravent, so daß sie einfach verschwinden.

Anstelle einer langen, durchgehenden Spielleiste können auch kurze Bretter verwendet werden, die an geeigneten Stellen am Rand des Paravents angehängt oder so befestigt werden, daß man sie abklappen kann.

Requisiten

Aufhängen und Abstellen der Requisiten
Stöcke, Regenschirme und ähnliche Requisiten werden mit einem verlängerten Stab versehen, der dann gleichzeitig als Führungsstab fungiert.

Herstellung und Spiel mit Requisiten

Vielfach lassen sich als Requisiten Gegenstände des täglichen Lebens verwenden. Sie dürfen aber nicht zu schwer und für das Spiel hoch über den Köpfen der Spieler zu gefährlich sein. Meistens ist es daher besser, die Requisiten selbst aus leichten Materialien herzustellen.

Nur die Handstockpuppen können ohne Schwierigkeiten mit Requisiten hantieren. Sonst müssen auch die Requisiten an Stäben geführt werden, und nicht selten sind dabei weitere Mitspieler als Helfer nötig. Ganz kleine Requisiten kann man gegebenenfalls an den Händen der Puppen mit Gummibändern, Druckknöpfen oder Klettbändern befestigen.

Mit Puppen spielen

Puppen äußern sich durch ihre Körpersprache

Aus dem jeweiligen Verhalten der Puppen auf der Bühne muß zu erkennen sein, wer sie sind, was sie tun, aus welchem Grund sie es machen und welche Einstellung sie zum jeweiligen Geschehen haben. Im Prinzip soll der Zuschauer das Geschehen verstehen können, ohne daß ein einziges Wort gesprochen wird. Jeder, auch der kürzeste Auftritt, besteht aus einer Serie von kleinen Ereignissen. Zum Beispiel:
1. *Eine Gestalt tritt ein.* Ist sie jung, alt, fröhlich, ängstlich, müde? Warum kommt sie?
2. *Sie geht hin und her.* Geht sie spazieren? Sucht sie etwas, vielleicht ihren entlaufenen Hund, ihr verlorenes Geld? Macht ihr die Suche Spaß? Oder sucht sie sorgenvoll?
3. *Plötzlich erblickt sie etwas auf dem Boden.* Hat sie gleich erkannt, um was es sich handelt? Ist es das Gesuchte? Freut sie sich darüber? Ist sie überrascht oder erschrocken?
4. *Sie bemerkt, daß jemand kommt.* Ist es ein Freund, oder ein Feind? Ein Unbekannter? Muß sie ihren Fund verheimlichen?...

Allein durch ihr Verhalten, ohne Worte, können auf all diese Fragen schon die einfachsten Figuren eine klare Antwort geben. Die Palette ihrer Bewegungen ist zwar nicht sehr groß, da sie über keine Mimik verfügen und keine gezielten Gesten durchführen können. Sie äußern sich dafür mit Hilfe ihrer Bewegung im Raum und der Haltung ihres ganzen Körpers. Beim Lachen können sie nicht den Mund von Ohr zu Ohr breitziehen oder sich mit Händen an den Bauch klatschen, sie können aber mit dem Körper zucken und vor Freude hochspringen. Dabei sieht ein freudiges Hüpfen natürlich anders aus, hat einen anderen Rhythmus und anderen Akzent als ein durch Wut, Erschrecken, oder von Hindernissen am Weg verursachtes Springen.
Damit diese Unterschiede in der Haltung der Puppe deutlich werden, muß sich die Vorstellungskraft und Einfühlungsgabe des Spielers voll auf die Puppe konzentrieren. Ständiges Hüpfen oder Hinundherlaufen sagt dabei ebenso wenig aus wie ununterbrochenes

Wedeln mit den Händen oder dem Schwanz. Eine kleine Geste, zum Beispiel eine kleine Kopfdrehung nach einiger Zeit der Ruhe, ist sehr viel ausdrucksstärker.

Technik des Spiels mit Stabpuppen

Beim Spiel mit den Stabpuppen muß man sich daran gewöhnen, die Puppe je nach Situation in der linken oder in der rechten Hand führen zu können. Die jeweils andere Hand lenkt dann die Arme. Auch dabei ist sparsame Gestikulation das Allerwichtigste. Zwar hält der Spieler die beiden Führungsstäbe für die Arme ständig in seiner Hand, aber gestikuliert wird meistens nur mit der einen Hand der Puppe, dann wieder mit der anderen. Dabei wird der Stab mit den Fingern so gehalten, daß Daumen und Zeigefinger eine Öse bilden, durch die der andere Stab frei rutschen kann (siehe auch Abbildung Seite 51). Nur ausnahmsweise darf man die Stäbe frei pendeln lassen. Es genügt nämlich eine plötzliche Drehung der Puppe und die Stäbe schwingen durch die Luft.

Ständige Kontrolle der Puppenbewegung

Beim Spielen muß man die Puppe ständig im Auge behalten. Besonders bei den Stabpuppen muß der Spieler die Puppe von vorn betrachten und jede ihrer Kopfneigungen und Gesten kontrollieren. Die Puppe vor sich her zu tragen, dabei nur ihren Rücken zu betrachten oder dabei sogar ins Spielbuch zu starren, um den Text abzulesen, führt zu keinem guten Ergebnis.

Halten der Puppen in der richtigen Höhe

Figuren ohne Beine sind durch den Paravent bis zu den Knien oder auch noch höher verdeckt. Es sieht so aus, als würden sie sich hinter einem niedrigen Zaun bewegen. Dabei ist natürlich darauf zu achten, daß alle Figuren die gleiche Höhe „des Zaunes" einhalten. Vor allem, wenn sich die Puppe vom Paravent weg in Richtung Hintergrund entfernt, muß der Spieler daran denken. Er muß die Puppe dabei immer höher heben, sonst verschwindet die Puppe aus dem Blickfeld des Publikums. Auf der anderen Seite können bei einer Bühne ohne seitliche Verkleidung die Figuren auf diese Weise auch ganz gut auf- oder abtreten.

Suche nach den geeigneten Textvorlagen und Stücken

Neben so manchen technischen Problemen beim Bau von Puppen, deren Lösung hier im Buch nur angedeutet werden konnte, bleibt eine der wichtigsten Fragen des Puppenspiels fast unberührt: Was soll man spielen und wo findet man entsprechend geeignete Stücke? Es ist eine nicht gerade leichte Aufgabe für ein Ensemble, fertige Stücke zu finden, die in jeder Hinsicht seinen Kräften, seinen technischen Gegebenheiten und seinen dramaturgischen Absichten entsprechen. Meistens kommt man um die Bearbeitung der Stücke, ihre Anpassung an die Möglichkeiten des Teams nicht herum, oder sucht nach Vorlagen und Ideen, die man dann selbst in ein Spieltext umwandelt.

Die Auswahl des Stückes

Grundsätzlich sollte man bei der Auswahl des Stückes die Fähigkeiten und Möglichkeiten des Ensembles realistisch einschätzen, damit es nicht mit einer zu schweren Aufgabe überfordert wird. Besonders bei Anfängern und kleinen Kindern sollte man nicht den großen Fehler machen, sie durch lange Stücke mit schwierigen Texten und strengen Regieanweisungen zu überfordern. Viel mehr läßt sich mit kurzen Szenen erreichen, bei denen nur wenige Figuren auftreten und bei denen die jungen Spieler genügend Gelegenheit haben, sich kreativ an der Ausgestaltung der Szenen zu beteiligen.

Selbst die übermütigsten experimentellen Inszenierungen sind nichts wert, wenn sie nicht Mittel, sondern Selbstzweck werden. Nur in der tiefen Freude, die von der Ausstrahlung eines guten Spiels ausgeht, beruht die magische Kraft des Puppentheaters, jedes Publikum zu beglücken.

Anhang

Literatur

Batchelder, Marjorie: The Puppet Theatre Handbook. New York 1947
Batek, Oskar: Marionetten. Ravensburg 1980
Batek, Oskar: Einfache Marionetten zum Nachbauen. Ravensburg 1985
Fedotov, Anton: Technik des Puppentheaters. Leipzig 1955
Fettig, Hansjürgen: Hand- und Stabpuppen. Stuttgart 1970
Fettig, Hansjürgen: Kleine Bühne – großer Spaß. Stuttgart 1974
Schreiner, Kurt: Puppen & Theater. Köln 1980
Steinmann, P.K.: Theaterpuppen – ein Handbuch in Bildern. Frankfurt 1980

Zeitschriften

„Perlicko-Perlacko, Fachblätter für Puppenspiel". Dr. H. R. Purschke, Frankfurt/M.
„Puppenspielinformation". Verband Deutsche Puppentheater e.V.
„Puppenspiel und Puppenspieler". Vereinigung Schweizerischer Puppenspieler
„Technik des Figurentheaters". Deutsches Institut für Puppenspiel e.V.

Materialien für den Puppenbau

Fachhandel für Puppentheater
Hans Purschke
Postfach 940131, 6000 Frankfurt/M.
Tel. 069/785407

Pupparium-Versand
Thomas Rohloff
Wriezener Str. 7, 1000 Berlin 65
Tel. 030/4932026

Puppen & Masken, Versandbuchhandlung
Wilfried Nold
Eppsteinerstraße 22, 6000 Frankfurt/M. 1
Tel. 069/722083

Informationsquellen

UNIMA (Union Internationale de la Marionette), Zentrum Bundesrepublik Deutschland und West-Berlin
Geschäftsstelle: Karl-Wilh. Wollenhaupt
Postfach 200551, 4690 Herne 2

Verband Deutsche Puppentheater e.V.
Berufsständische Vertretung – Geschäftsstelle: Tilman Harte
Yorckstr. 59, 1000 Berlin 61

Deutsches Institut für Puppenspiel e.V.
Kohlenstr. 70, 4630 Bochum 1

Deutsche Puppenspielbühnen mit stationärem Theater Mitglieder des Verbandes Deutsche Puppentheater e.V.

Märchentheater BATEK & BATEK
Oskar Batek
Dorfstr. 3, 5909 Burbach
Tel. 02736/8459

Puppenbühne Bergner
Moorburg 26, 2091 Marxen
Tel. 04185/4615

Schwabacher Marionettenbühne
Ruth Bloss
Siedlerstr. 1, 8541 Penzendorf
Tel. 09122/71408

„puppenzentrum frankfurt"
Dieter Brunner
Diemelstr. 9, 6000 Frankfurt/M. 90
Tel. 069/777603

„Der Heidekasper" Walter Büttner
der Puppenspieler aus der Heide
Kasperhaus, 2105 Seevetal 3
Tel. 04105/83939

Lübecker Marionetten-Theater
Fritz Fey
Im Kolk 20-22, 2400 Lübeck
Tel. 0451/700060

Gerhards Marionetten
Wolfgang Gerhards
Leonhard-Kern-Weg 16
7170 Schwäbisch Hall
Tel. 0791/48536+71900

Berliner Figurentheater
Tilman Harte
Yorckstr. 59, 1000 Berlin 61
Tel. 030/7869815+7859277

Puppentheater Am Fürstenplatz
Hans Houben
Helmholtzstr. 38, 4000 Düsseldorf
Tel. 0211/371368

Brunos Bunte Bühne
Bruno Knust
Olpketal 90, 4600 Dortmund 50
Tel. 0231/735353

Puppentheater „Baika" Münster
Ursula Kucharzewski
Soester Straße 46, 4400 Münster
Tel. 0251/664988

Soldiner Puppenbühne Kassel
Fritz Leese (Ehrenmitglied)
Zimmerplatz 13, 3582 Felsberg 1
Tel. 05662/4740

Steinauer Marionettentheater
„Die Holzköppe" Karl Magersuppe
Postfach 1166, 6497 Steinau
Tel. 06663/245

Augsburger Puppenkiste
Hans-Joachim Marschall
Spitalgasse 15, 8900 Augsburg
Tel. 0821/432182+515606 (Büro)

Der Vogelsberger Kasper
Günther Menzel, Märchenland,
6476 Hirzenhain-Merkenfrit
Tel. 06045/4542

„die werkstatt" Ted Moré
Bruno-Lambert-Str. 2,
7118 Künzelsau-Nagelsberg
Tel. 07940/2805

Figurentheater im Stadtpark
„Bilderbühne" Evi Robl/Heinz Polkehn
Dr.-Joh.-Maier-Str. 3, 8400 Regensburg
Tel. 0941/28328+560577

Kölsch Hänneschen-Theater
Dr. Gérard Schmidt
Eisenmark 2-4, 5000 Köln 1
Tel. 0221/2076-266/267

Bielefelder Puppenspiele
Helmut Selje
Ravensbergerstr. 12, 4800 Bielefeld
Tel. 0521/60840 + 05224/2106

TRIXINI Puppen- & Zaubertheater
Jühengasse 10, 4790 Paderborn
Tel. 05251/22424+05252/6662